世界一やさしい交渉学入門

おとしどころの見つけ方

松《まつ》浦《うら》正《まさ》浩《ひろ》

How to Find an Agreement

Masahiro Matsuura

CROSSMEDIA PUBLISHING

久地《くち》くん これ入力お願い できる？
ズシッ
えっ！ いまちょうど 帰るところ……
この話の主人公 久地米太《くちべいた》
そこを なんとか！
お願い お願い お願い
グイ
は…… はぁ……
もうちょっとで おわる……
ハァ…
ん？
もしもし
遅い！ いま どこ！
まだ会社で 残業してて……
ディナーの 約束してた よね？
あ、ごめん！
もう！じゃあ 今度旅行 連れてってね！
ええ〜 ……
10000
10000
なぜこう うまく いかないん だろ……
それはキミの 交渉がヘタ だからだよ
えっ
頭の中に 声が⁉
上見て! 上!
上？

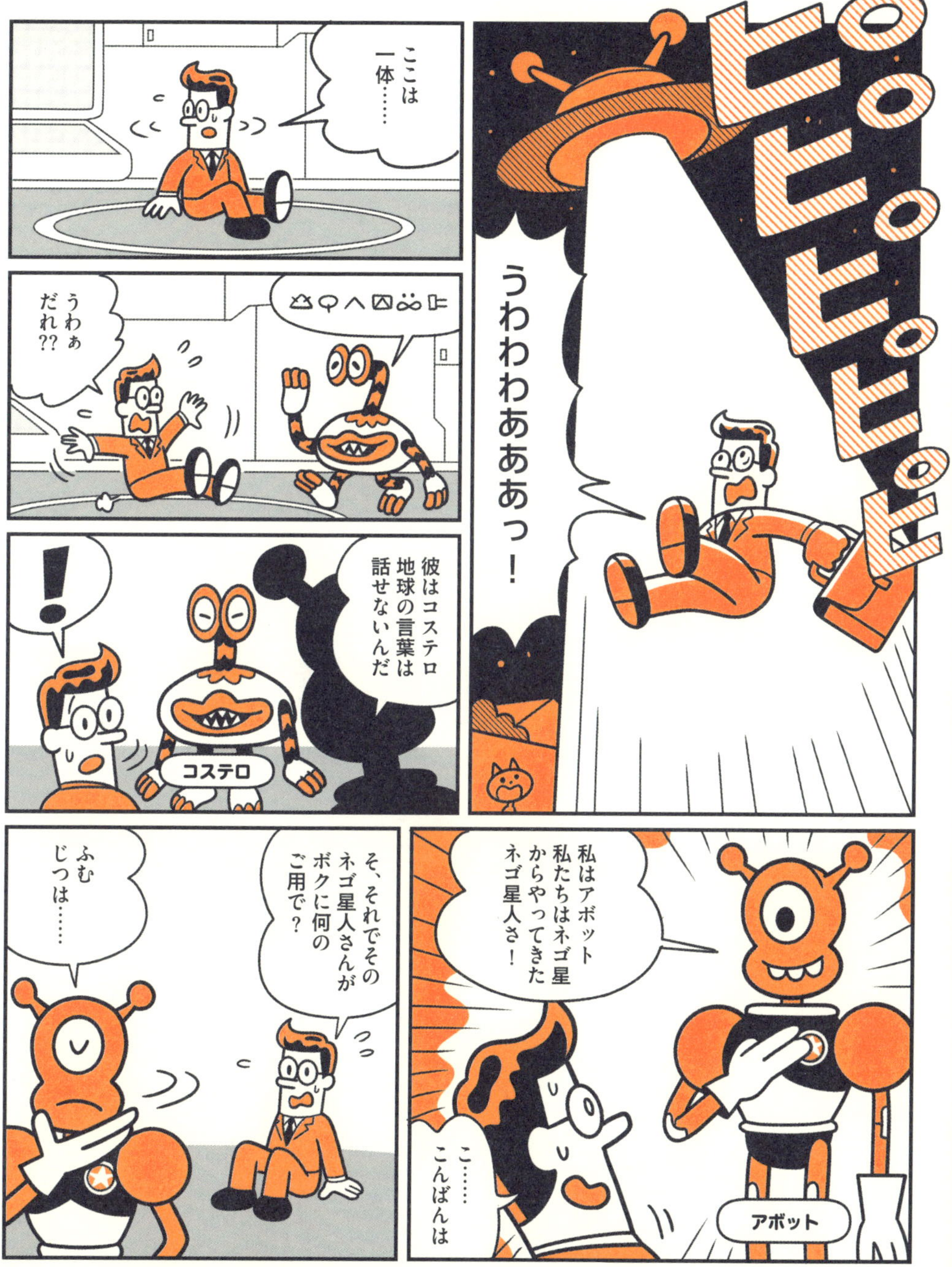
ピピピピピ
うわわわあああっ！
ここは一体……
うわぁだれ??
彼はコステロ地球の言葉は話せないんだ
!
コステロ
私はアボット私たちはネゴ星からやってきたネゴ星人さ！
こ……こんばんは
アボット
そ、それでそのネゴ星人さんがボクに何のご用で？
ふむじつは……

ネゴ星では多様な種族が交渉を通して平和に暮らしているんだ
ネゴ星
私たちの仕事は他の星々を巡り
ネゴ星との外交をすすめること
そして先日地球にやってきたのだが……
地球人は交渉がヘタすぎる！このままでは外交どころではない！
とくにキミの国では交渉力不足でいろんな問題が起こっている！
その中でもキミは特にひどい！
ギクッ！
そこで地球人の交渉力を底上げするためにまずキミを鍛えることにした！
ええっ！
断ったらキミを食べる！
ぎゃ〜っ！

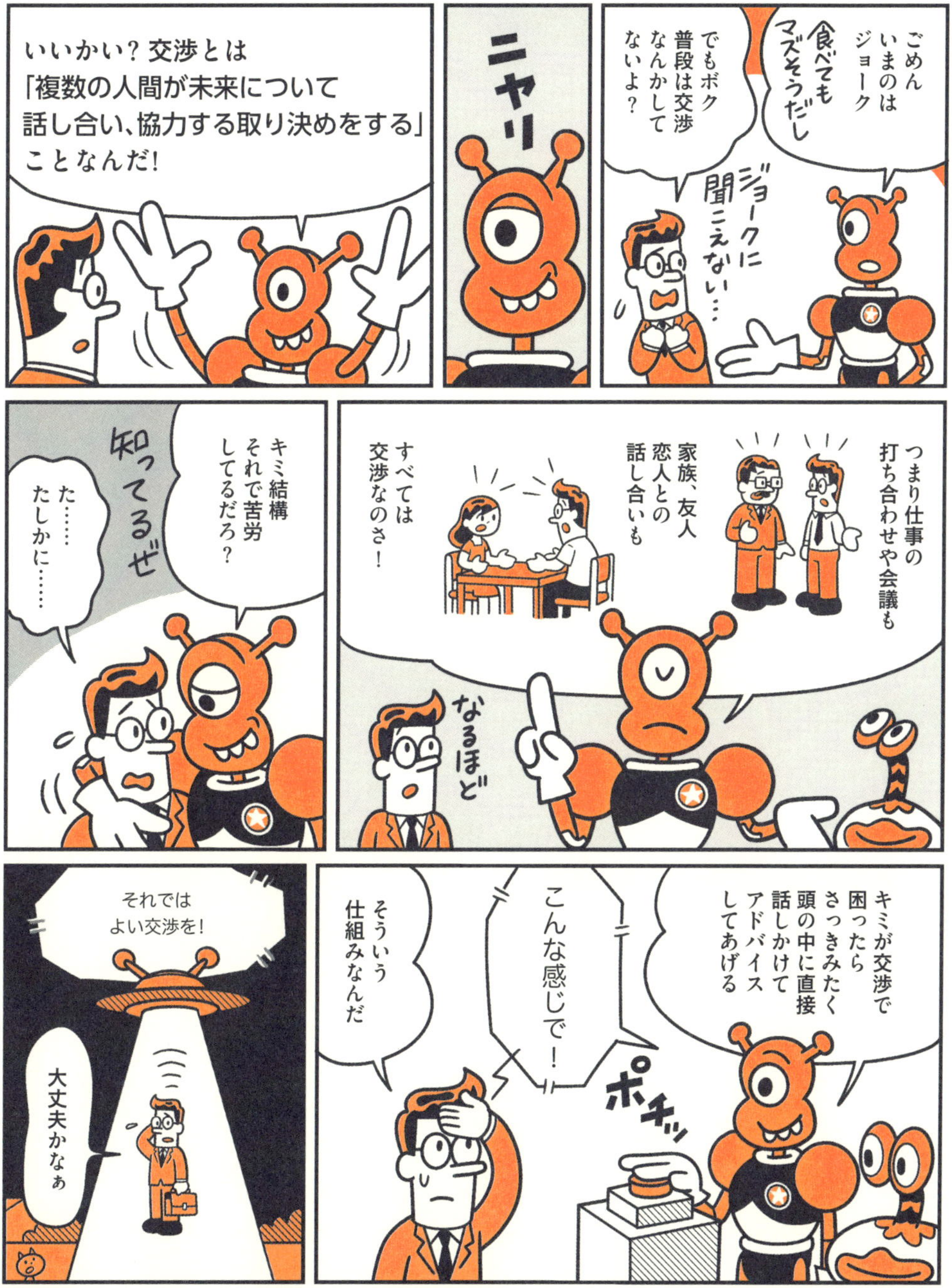

ごめん
いまのは
ジョーク
食べても
マズそうだし
でもボク
普段は交渉
なんかして
ないよ？
ジョークに
聞こえない…
ニヤリ
いいかい？交渉とは
「複数の人間が未来について
話し合い、協力する取り決めをする」
ことなんだ！
つまり仕事の
打ち合わせや会議も
家族、友人
恋人との
話し合いも
すべては
交渉なのさ！
なるほど
キミ結構
それで苦労
してるだろ？
知ってるぜ
た……
たしかに……
キミが交渉で
困ったら
さっきみたく
頭の中に直接
話しかけて
アドバイス
してあげる
こんな感じで！
ポチッ
そういう
仕組みなんだ
それでは
よい交渉を！
大丈夫かなぁ

はじめに

みなさん、毎日の交渉、お疲れさまです。

……え？「交渉なんて、そんなにしてないよ」ですって？

なるほど、たしかに「交渉」と聞くと、「刑事ドラマで見るような緊迫したやり取り」や「国家間の外交交渉」なんかがまっさきに思い浮かびますよね。

でもじつは、交渉はそんなにおカタいものばかりではありません。むしろ、私たちが普段から当たり前のように行っているものなんです。

前ページでもネゴ星人のアボットが説明していましたが、いま一度ここで「交渉」の定義を確認してみましょう。

交渉とは、**複数の人間が未来のことがらについて話し合い、協力して行動する取り決めをすること**です。

これはつまり……

はじめに

◉ビジネス：上司との打ち合わせ／部署の会議／取引先への営業

◉プライベート：友人との旅行の計画／恋人との話し合い／家庭内の家事の分担

……これらすべてが「交渉」に含まれる、ということになります。

こう考えると、交渉をしていない日の方が少ないと思えてはきませんか？

こういった幅広い交渉について考える学問が、私の専門である「交渉学」です。

交渉学を非常に簡潔に説明するなら、「なぜ人の話し合いがまとまらないのか」や「話が通じないと思われる相手と、どうやっておとしどころを見つけるか」を考える学問、といったところでしょうか。

私は、まちづくりの「おとしどころ」を研究する中で、約20年前、この交渉学に出合いました。マサチューセッツ工科大学（ＭＩＴ）に留学していた際、「どうすれば『おとしどころ』を合理的・科学的に見つけられるのだろう？」という疑問にぶつかり、その答えのひとつをこの学問に見出したのです。それ以来、数多くのまちづくり・公共事業の現場に関わりながら、行政職員や会社員のみなさんに交渉学の授業をしてきました。
この本の目的は、この交渉学のノウハウを活かして、みなさんの毎日の交渉を、よりまとまりやすく、よりよいものにすることです。交渉学を理解すれば、ムダな話し合いに時間を浪費したり、悩んでもしょうがないことにクヨクヨしたり、最終的には「損をする」ことがなくなるはずです。

この本では、「交渉」が苦手な久地米太くんに登場してもらいます。久地くんは仕事やプライベートで、うまくおとしどころが見つけられず、いつもあたふたしています。そんな久地くんがネゴ星人のアボットを通じて交渉学に出合い、日々の生活を変えていきます。その物語を通して、みなさんにも毎日使える〝話し合いの技術〟を紹介していきたいと思います。

さぁ、それでは「世界一やさしい交渉学入門」のはじまりです。
この本を読み終えるころには、きっとあなたは誰もが納得するおとしどころをムダなく導き出せる、交渉の達人への第一歩を踏み出していることでしょう。

キャラクター紹介

Character introduction

久地米太《くちべいた》

Beita Kuchi

28歳。男性。中小規模のアウトドア用品の販売会社に勤務している。所属は販売管理部。平日は本社で事務作業をし、週末は販売店で接客を行っている。販売員の中でもアウトドア用品には詳しい方で、趣味は音楽鑑賞。柔和な性格だが、口下手なのでいつも損な役回りになってしまう。

アボット

Abot

年齢・性別不詳。ネゴ星人。交渉によって統治されているネゴ星からやってきた。任務はネゴ星と他の星の外交をすすめること。口調は穏やかだが、たまに真面目な顔で怖いことを言う。交渉上手なネゴ星人の中でも屈指の交渉の達人。

コステロ

Costero

年齢・性別不詳。ネゴ星人。アボットの友人。地球の言葉が話せないので何を言っているかはわからないが、アボットとはとても仲がいい様子。表情が豊か。

How to Find an Agreement

はじめに 006

第1部 ビジネス交渉

第1章 交渉の心がまえ 上司との休暇取得交渉

0 休みをとりたい部下と休まれると困る上司 016
1 「人物」と「問題」を切り離そう 018
2 相手の言い分の裏にある「本音」を考えよう 023
3 利害の「ズレ」を探そう 029
4 「すこしワガママ」くらいがちょうどいい 034
5 問題を先延ばしにしてもいいことはない 039
6 仕事仲間は友人ではない 044

第2章 BATNAという考え方 取引先との発注交渉

0 社長からのムチャぶり 049

おとしどころの見つけ方 目次

1 他の選択肢を考える 051
2 こちらから断ったら、相手はどうなる? 057
3 BATNAがなければ、相手のいいなりになるしかない 063
4 意外なところにいい条件は転がっている 068
5 交渉はそのときだけのものではない 072
6 不安なときには「順応的管理」と「条件つき合意」 078

第3章 多者間交渉のキホン 社内会議での交渉

0 みんなワガママで、話が前に進まない! 084
1 まずは「総論賛成」で盛り上げよう 086
2 出場選手のリストをつくろう 092
3 事前に話し合いの「地図」をつくる 096
4 困ったら、悩まずにとりあえず書き出そう 101
5 おとしどころを事前に予想しておく 106
6 事実に基づく話をしよう 112
おとしどころコラム① 交渉上手になるには? 119

How to Find an Agreement

第2部 プライベート交渉

第4章 すべての話し合いは交渉である
恋人との旅行計画交渉

0 場所も日程も決まらない！……122
1 「取り返しのつかない一言」には要注意！……125
2 「どこに」ではなく、「なぜ」を考えよう……130
3 「やりたいことランキング」をつくる……136
4 最悪のケースを考える……141
5 なんでも相手に合わせることが正解とは限らない……147
6 先例にとらわれない……153

第5章 かけひきの正しい進め方
引越し業者との価格交渉

0 どの業者に頼めばいいの？……159
1 「一社決めうち」は危険！……160

2 プレッシャーは「あいまい」にかける …… 166
3 おとしどころの見取り図をつくろう …… 171
4 高圧的な相手には冷静に対応しよう …… 177
5 相手の利害をよく調べる …… 183
6 感情的になったら第三者を巻き込む …… 189

第6章 代表者同士の話し合い 同窓会の企画交渉

0 同窓会は無事に開催されるのか？ …… 197
1 敵・味方の区別をしない …… 200
2 「みんな一緒」が正解とは限らない …… 206
3 打ち合わせを目的にしない …… 212
4 アイデアは出しっぱなしにしない …… 218
5 幹事の「代表性」に注意しよう …… 223
6 高圧的な人は真のリーダーではない …… 229
おとしどころコラム② 心理的なテクニック …… 236

おわりに …… 239

第1部

ビジネス交渉

第1章 交渉の心がまえ 上司との休暇取得交渉

交渉0 休みをとりたい部下と休まれると困る上司

ネゴ星人たちと出会った翌日、久地くんはオフィスでなにやら難しい顔をしていました。というのも、最近、平日は本社での業務をこなし、週末にはお店でのセール・イベントが目白押しで、休みがまったくとれていないのです。夏直前のセール時期はどうしても忙しく、トラブルも起こりがちなので、休みづらいようです。しかし、来月のある日曜日に、どうしても外せない用事が入ってしまいました。その日だけは、何がなんでも有休をとらなければなりません。久地くんは上司の部長に相談に向かいます。

部長、お疲れさまです。来月の店舗のシフトの件ですが、15日の日曜日にシフトから外していただけないでしょうか？

部長 おいおい、その日はセールの真っ最中じゃないか。何かのっぴきならない事情でもあるのかい？

いえ、ちょっと私的な、趣味の用事でして。

部長 趣味ねぇ……それ、平日に動かせない？ もちろん休みをとる権利はあるけど、正直、日曜日に休まれちゃうとだいぶ困るんだよ。

はい、たしかにそのことはわかってはいるのですが……。

部長 だよね！ じゃあ、予定動かしてもらえるかな。よろしくね！

結局、部長の勢いに負けてしまいました。部長は有休取得の権利は認めていますし、「絶対にダメ！」というわけでもなさそうですが、久地くんに休まれるとたいへん困るようです。口下手な久地くんは、ついつい妥協するような態度を見せてしまいました。

ああ……やってしまった。いっそのこと、風邪ひいたってことにして、ズル休みしちゃおうかな……。あ、そういえば、昨日会ったネゴ星人、「交渉に行き詰まったら頭の中でアドバイスする」とか言ってたよなぁ……これは交渉じゃないのかなぁ……。

よく気づいたね！ これも立派な交渉さ。

うわっ！ びっくりした！ 急に話しかけてこないでよ！

フフフ、これは失敬。 交渉がどれほど身近なものか、キミに自分で気づいてほしくてね。 さて、話は聞いていたよ。 キミは15日に休みをとりたいけれど、ブチョーさんが認めてくれないわけだ。

部長がガンコでさ。これ、もうムリだよね？

あきらめるのはまだはやい。ブチョーさんのところに行って、再交渉だ！ 私がおとしどころを見つけるのを手伝うよ。

う〜ん。休みをとるためだし、やるしかないか！

交渉1 「人物」と「問題」を切り離そう

ク地くんは部長との再交渉にのぞみます。アボットのアドバイス頼みですが、「『交渉』なら強気でいかなければ！」と肩に力が入っているようです。

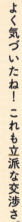

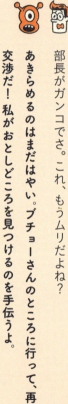

あの、部長！ お忙しいところすいません！

部長 ああ、予定の日程、変更できたのかな？ よかった、よかった。

いえ、どうしても有給休暇を15日にいただきたいんです！

部長 おいおい、久地くん！ 今日はずいぶんガンコだねぇ。

そんなことないです。じつは、普段から部長の言うこと……

ビビビビビビビビ!!!

久地くんの頭の中で、けたたましい警報音が鳴り響きます。久地くんは突然の大音量にびっくりして、その場で飛び跳ねてしまいました。

部長 どうした久地！ 大丈夫か？

すいません！ ちょっとトイレに！

あわててトイレに逃げ込んで、個室で息をつく久地くん。

何だよいまの……アボットの仕業なの……？

いやー申し訳ない！ 音量が大きすぎたよ。いまのはいわば「交渉決裂アラート」。キミがヘタな交渉をしているときに鳴るよ。

冗談じゃないよー！ ちゃんとアドバイスしてよー！

あまりにひどい交渉になりそうだったから、アドバイスどころじゃなかったのさ。キミ、普段と違って妙に強気だったねぇ。

だって「交渉」するなら、部長にも強気の姿勢を見せないと……。

アハハ。まだまだだね。交渉では強気とか弱気とか関係ないのさ。

でも、弱気だったらさっきみたいに部長の勢いに負けちゃうよ。

弱気はよくない。じゃあ強気がいいかというと、それもよくない。

じゃあ、どうすればいいんだよー！

まずは自分の感情をコントロールするのさ。

え？ ボクだってそれくらいできるさ。子どもじゃないんだから。

いやいや、ジュウブン幼稚だね。だって「普段から部長の言うことには納得できてないんです」って言おうとしただろう？

……それはまぁ、だって納得いってなかったんだもん。

じつはね、交渉においてキミが納得できるかどうか、キミのキモチっていうのは重要じゃないんだよ。今回の交渉の目的は何？

……15日に有給休暇をとること？

その通り！ だからブチョーさんという「人物」への不満は別の問題になるんだ。いまは「休みをとれそうにない」という「問題」を優先すべきなのさ。感情的になったらその時点で交渉失敗だよ。まずはさっきのことを謝って、キミがその日に有休をとりたい理由から説明するんだ。

またあのアラートが鳴るのではないか……とヒヤヒヤしながら、久地くんは部長のところへ戻ってきました。

さきほどはすいませんでした！

部長 ああ、大丈夫か？ そういえば、普段からオレの言うことがどうとか言ってたけど……。

あ、いや、普段からもっとご相談できてればなーと思いまして。
それで、まずご相談したいのが15日の有給休暇の件でして……。

部長

今日は本当にしつこいなー。何かの趣味なんだろう?

はい! 少し説明させていただいてもよろしいでしょうか?

解説

感情的になった時点で交渉失敗

交渉とは、表面的には人物同士の会話です。そのため、ついつい性格や話し方に目が行きがちです。しかし、**交渉の目的は、その人たちが抱える問題を解決すること**です。決して相手を騙したり、言い負かしたりすることではありません。つまり、どんなに和やかな会話であったとしても、問題が解決しなければ交渉は失敗です。逆に、どんなに冷ややかな会話でも、問題さえ解決すれば、交渉は成功なのです。

交渉学では**「人物」と「問題」を切り離すこと**が重要です。人間である以上、目の前にいる交渉相手に対して、怒り、不満、敵意……いろんな感情がわき起こるのは仕方ありません。しかし、そのような感情にとらわれてしまうと、解決できる問題も解決できなくなってしまいます。自分の気持ちがどうであれ、いま解決すべき問題は何なのか、つねに注意しておきましょう。

久地くんも、以前から不満を抱いていた部長にキレかけて、部長を非難する一言を言いかけてしまいました。いったん感情的な会話がはじまってしまうと、売り言葉に買い言葉で止まらなくなり（専門用語で**「エスカレーション」**といいます）、問題解決のための会話ができなくなってしまうことがほとんどです。感情にとらわれることなく、常に冷静に問題解決のための会話を続ける能力こそが、毎日の交渉でおとしどころを見つけるための第一歩です。

交渉 2

相手の言い分の裏にある「本音」を考えよう

部長　じゃあ、休みをとりたい理由を教えてもらおうか。

はい！　じつは、来月15日に音楽フェスがありまして、昔から私が大ファンの、海外のとあるバンドが出演するんです。

部長 フェスねぇ。別の日程じゃダメなの？

そのバンドが出演するのは1日だけなんです。

部長 その日を逃すと観れないってことか。なるほどな……。

素直に思いを伝えたら、部長も同情してくれているみたいです。「ボクでも交渉できるじゃん」と自信が出てきた久地くんですが、部長もそうあまくはありません。

部長 しかし、セール期間中の日曜日はやっぱり避けてほしいんだよなー。そのフェス、あとで動画配信とかしないの？

いや、その場にいることが大事なんですよ！

やはり部長は一筋縄ではいかないようです。久地くんがうつむいていると……

ブチョーさんは、なんで日曜日にこだわっているのかな？ その理由をキミはちゃんと理解しているかな？

この一言でハッとした久地くん。思い切って部長に聞いてみます。

部長、日曜日に休めない理由を教えていただけますか？

部長

だって、週末の常連さんたちのマニアックな質問に答えられるのは久地くんくらいだろ。他の店員がいい加減な対応したら、常連さんからクレームが入るどころか、もう二度と来店してもらえなくなるかもしれないし。私や他の社員が店に出て対応してもいいけど、久地くんほどの知識はない。あと最近、ちょっとした顧客トラブルでも、役員が大騒ぎして大変なんだよ。

じつは、日曜日は常連さんの来店が多く、新商品の解説や修理部品の手配など、主に久地くんが対応している顧客が多くいます。久地くんが対応できなければ、売り上げに影響力のある常連さんの気分を害したり、ひいてはクレームが役員の耳に入って、部長が怒られるかもしれません。これが部長の「本音」のようです。ここでまたアボットの声が……

ブチョーさんの心配を減らすために、キミから提案できることはないかい？

たしかに久地くんができることはいくつかありそうです。

部長、では、親しい常連さんたちには、自分が15日にお休みをいただくことを事前に伝えておきます。あと、平日に来ているアルバイトで、商品にだいぶ詳しい人がいるんです。15日は週末ですが、その人に特別に出勤してもらえないか、相談してみます。

部長 なるほど！　それなら少しは安心かな。

これはかなりの好感触です。最初は「日曜日はダメ！」の一点張りだった部長の姿勢も、ずいぶん崩れてきたようです。

解説

「立場」と「利害」に注目する

相手から出てきた条件に対し、「イエスかノー」で答えるのが交渉だと思っている人も多いかもしれませんが、本当の交渉は、そんな単純なやりとりではありません。むしろ、最初に出てくる条件は交渉のきっかけでしかなく、その後の話し合いの中でいろいろな情報をやりとりして、**お互いにハッピーになれるおとしどころを見つけることが、交渉の醍醐味《だいごみ》**です。

久地くんと部長との交渉も、最初は「来月15日に久地くんが有給休暇を取得する」ことについて、久地くんは「休みたい」、部長は「休まないでほしい」、という二項対立の水掛け論に終始していました。そんな会話をいくら続けても問題は解決しません。久地くんが楽しみにしていたフェスをあきらめるか、部長が不満を抱えつつ容認するのか……必ずどちらかが損をしてしまいます。また、言い争いがエスカレートしていたら、パワハラ訴訟に発展したり、久地くんが異動になったり、お互いアンハッピーな方向へと進んでいたかもしれません。

ここで、部長が日曜日にこだわる理由に注

目してみると、突破口が見えてきます。その理由がわかれば、久地くんにも提案できることがあるかもしれません。実際、日曜日に休むこと自体が問題なのではなくて、むしろ常連さんへの対応が部長の心配の種だったわけです。久地くんにとって「フェスに行かない」という選択肢は受け入れ難いですが、常連さんの心情を害さないように事前に休暇を伝えたり、代わりに優秀なバイトを手配したりする程度のことは、日常業務の一環で簡単に対応できそうです。

交渉学では、**表面的な要求を「立場」**、そして**背後にある理由を「利害」**と呼んで区別しています。立場を受け入れる、受け入れないで水掛け論に終始するより、相手の利害を探って、その利害を満足させてあげることで、意外と簡単に問題が解決することもあるのです。

今回は久地くんの「休みたい」と、部長の「休まないでほしい」が立場、久地くんの「フェスに行きたい」と、部長の「クレームがこわい」が利害だったわけですね。

交渉 3

利害の「ズレ」を探そう

部長の利害が明らかになったので、難局は乗り越えたように思えます。さて、日曜日にクレームが出ないようにどう対策するか、詰めの交渉がはじまりました。

商品に詳しいアルバイトの出来杉《できすぎ》さんには、私から話しておきます。

部長 よろしく。でも日曜日でもほんとうに来てくれるのか？

いまお金が必要らしいので、昇給をはやめれば大丈夫です。

部長 うーむ、この時期の昇給はちょっと厳しいなぁ。ちゃんと対応できるのか？ 日曜日の常連さんたちと会ったことないだろ？

はい、でも彼女の接客は完璧ですよ。

部長 もしものことがあるかもしれないから、久地くん、日曜日も電話に出れるようにしておいてくれるかな。

いや、さすがに無理ですよ。大音量で音楽聴いてるわけですから。

部長 フェスとはいえ、丸一日電話に出れないわけじゃないだろう？

それじゃ有給休暇とはいえないのでは……。

部長 それはそうだが、いちおう何かあったときのためにだね……。

部長のワガママに久地くんもまたイライラしてきましたが、感情的になっては交渉になりません。接客は出来杉さんに任せておけば大丈夫なはずなので、「どうやって部長を説得しようか」と考えていると……

ここは利害の「ズレ」を探すんだ。

「ズレ」？

キミはバイトの子の昇給を要求して、ブチョーさんはキミが電話に出ることを要求したよね。

うん。まぁ、電話出るのは無理だけど……。

演奏の前後なら、ちょっとくらい電話できるんじゃないかい？

う〜ん……まぁ、出来杉さんの昇給をはやめてくれるならね。

じゃあここで「交換取引」を持ちかけるんだ。キミの要求はバイトの昇給、ブチョーさんの要求は電話に出ること。利害がズレてるから、ブチョーさんの利害を満たしてあげるかわりに、キミの利害を満たしてもらえないかな。

おどしをかけるみたいで、ちょっとドキドキですが、久地くん、思い切って部長に交渉してみることにします。

電話の件ですけど、演奏中は無理ですが、その前後なら対応します！　そのかわり、当日は出来杉さんに絶対に来てほしいので、先ほどご相談した昇給をはやめる件、お願いできますか。

部長　うーん、時期的に面倒だけど、なんとかしよう。

ありがとうございます！　もし彼女が対応できないことがあったら、演奏の前後に電話で指示しますので。

部長　ありがとう。それなら安心だよ。悪いね、休みの日なのに。

いえ、ボクも常連さんとのトラブルは起きてほしくないので！

解説

複数の取引条件を準備する

表面的な要求（＝「立場」）の背後にある理由（＝「利害」）を探ることで、どちらかが妥協するしかなさそうな対立でも、意外とあっさりおとしどころが見つかることがあります。しかし、相手の利害を満足させるだけでは、交渉になりません。相手はハッピーでも、自分の対価が得られなければ意味がありません。

ここで、自分と交渉相手の**利害の「ズレ」**を探ります。自分はコレをしたい、相手もコレをしたい。ふたりとも同じことをしたいのであれば、取り合いになってしまいます。しかし自分と相手で違うことをしたいのであれば、自分のコレと相手のアレを同時に実現してしまえばいいのです。

久地くんと部長の間では、昇給と電話応対という異なる利害が存在します。

利害	バイトの昇給	電話応対
久地くん	○してほしい	×したくない
部長	×したくない	○してほしい

ここで、バイトの昇給と電話応対、それぞれについて見てみると、「してほしい」と「したくない」で対立します。しかし久地くんは、「ライブの前後など、空き時間であれば電話応対してもいいかな」という気持ちがあります。部長もバイトの昇給は避けたいけど、「どうしても必要ならなんとかしようかな」という気持ちがあります。であれば、この2つの利害をパッケージにして、電話応対する代わりにバイトの昇給を認めてもらう（バイトの昇給を認める代わりに電話応対してもらう）という取引が成立します。

このように、複数の条件を組み合わせるタイプの交渉を**統合型交渉**といいます。一方で、ひとつの条件（たとえばバイトの昇給だけ）について争う交渉を**配分型交渉**といいます。配分型交渉の典型的な例が、市場などでの価格交渉です。売り手は高め、買い手は低めの金額を提示して、お互い徐々に譲歩しておとしどころを探るのが配分型交渉です。しかし配分型交渉には「○○のかわりに○○」という取引ができないので、納得感も低く、合意できない場合も多々あります。

ですから交渉では、複数の取引条件を組み合わせた統合型交渉にすることで、合意が成立しやすくなります。それぞれの条件にこだわらず、他の条件と抱き合わせにして、**「コレをするから、アレをしてほしい」という組み合わせこそ、おとしどころを見つけるカギ**なのです。

交渉 4

「すこしワガママ」くらいがちょうどいい

部長に「電話応対をする代わりにアルバイトを昇給してもらう」という約束をとりつけた久地くん。部長と決定事項の確認を行っています。

部長　じゃあ、もし何かあったら電話させてもらうからね。

わかりました。出来杉さんの昇給の件、よろしくお願いします！

部長　まぁ、しょうがないだろう。……ん？ まだ何かあるのか？

い、いえ、なんでもないです……。

とあるアイデアが思いついたのですが、部長との交渉に疲れた久地くん。「とりあえず休みがとれてよかった」と思いながら、その場を去ろうとしたところ……

あれ？ まだ何か言い足りないんじゃないの？

いいんだよ。もう交渉はおわったんだから。

いいや、まだおわりじゃない。何かいいアイデアがあるんだったら伝えたほうがいいと思うけど。

う〜ん。実は、フェスに行くついでに、メーカーさんを訪問して新製品の情報をもらってこようかと思ってさ。会場のすぐそばに本社があるからさ。

それはブチョーさんも喜ぶんじゃない？ 提案してみなよ！

でもフェスは日曜だから、翌日に直行になっちゃうんだよ。許してくれないよ。それに、さすがにワガママ言い過ぎじゃない？

アイデアは提案しない限り実現しないよ。ダメもとでいいから、まずは言ってみなよ！

たびたびすいません。実は、15日の件でもうひとつご相談が……。

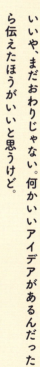

部長　え？ 休んでもらっていいことに決めたじゃないか。

実は、そのフェスの開催地が新潟なんです。それで、翌日の月曜日にメーカーのエチゴ工業さんにうかがって、新製品の情報を先取りしてこれたらいいな、と思ってまして。

部長 おお、それはいいアイデアじゃないか！ ぜひ行ってくれ！

ええ、そのためには月曜日に新潟のホテルから直行しないといけないんですが、さすがに交通費を自腹で出すのはちょっと……。とはいえ、費用をいただくと出張になってしまうので。

部長 わかった、じゃあフェスは私用の付加用務にして、エチゴ工業さんへの出張ってことにしてやるよ。

ということは、交通費と宿泊費も？

部長 世の中そんなにあまくはないぞ。じつは今度のセールで抽選会やるんだけど、商品になるようなグッズ、エチゴ工業さんからもらってこれないか？ それなら話は別だが。

あそこはグッズ配布が多いので、帽子とTシャツくらいなら！

部長 それなら、交通費だけ出してもいいよ。エチゴ工業さんの商品は売れ筋だから、情報もらえるのは正直助かる。よろしく頼むよ！

本当ですか！ 提案してよかった！ ありがとうございます！

解説

新しい利害のズレを発見できれば、さらにいいおとしどころが見つかる

要求ばかりしてくる人は、誰からも疎まれますよね。だから、人にお願いをするときに、躊躇《ちゅうちょ》してしまうのは普通のことです。「これもお願いしたいけど、なんか悪いな……」という気持ちは誰でも持つものです。

しかし交渉の場合、自分が何かお願いするかわりに、相手のお願いを聞いてあげることで、両者が同時にハッピーになることが原則です。相手の「利害」を満足させてあげるからこそ、こちらから自分の要求を出せるのです。ここで、「要求すること＝ワガママ」だと思い込んで、自分の利害を満足させてもらうことを遠慮すると、逆に、相手の利害を満足させる理由もなくなってしまうのです。

久地くんも、自分がワガママだと思われるのをおそれて、いちどはアイデアの提案を引っ込めてしまいます。しかし、実はそのアイデア、部長にとっても渡りに舟で、出張費用や事務の手間が少しかかってでも、実行したいと思ったことだったのですね。この場合も、久地くんの「時間を有効活用したい」という利害と、部長の「エチゴ工業の情報とグッズがほしい」という利害のズレがうまく組

み合わさって、お互いがハッピーになるおとしどころが見つかったのです。

もし久地くんが、ワガママだと思われるのをおそれて提案できていなかったら、エチゴ工業の情報とグッズを得ることができなかったかもしれません。**思い切って提案したからこそ、交渉可能な利害が新しく発覚した**のです。その勇気こそ、交渉にとって欠かすことができないものなのです。もちろん、自分だけが得するようなワガママを要求しても、相手は首をタテには振らないでしょう。お互いの利益になる提案だったからこそ、相手も喜んで協力してくれるのです。

交渉学では、このような状況を**「超パレート効率性」**といいます。本章の例でいえば、「電話応対するかわりにバイトの昇給をはやめてもらう」ような、利害のズレを使ってお互いハッピーになることを「パレート効率性」と呼びます。しかし、新たな利害のズレを発見できれば、従来可能だと思われていたパレート効率性の限界を超えることができるのです。**利害のズレを見つけることは大事ですが、遠慮することなく、常識を打ち破る提案をすることで、お互いにとってよりよいおとしどころが見つかる**かもしれません。すこしワガママを言ってみる勇気も、交渉には必要なのです。

交渉5

問題を先延ばしにしてもいいことはない

フェスが近づくにつれ、ワクワクが止まらない久地くん。仕事をしながら、大好きなバンドの曲が頭の中で流れています。すると、部長から呼び出されました。

なんでしょうか?

部長　いや、出来杉さんの昇給の件だけどね。昇給そのものはいいんだけど、最速でも3カ月後から適用されるって言うんだよ、経理が。

えー！ それじゃさすがに遅すぎじゃないですか?

部長　すまん！ 久地くんから彼女に話しといてくれないかな。

これは困りました。フェスの日に代わりに仕事をしてもらうために昇給を約束したのに、3カ月後からでは遅すぎます。これで出来杉さんに来てもらえなくなったら、代わりのアルバイトを探さなくてはいけませんが、他には思い当たりません……。

しかし、通常の業務がたまっていた久地くんは「悩んでもしょうがないや。もう少し時間をおいてから話をしようっと」などと考えているようです。すると……

おいおい、ホッタラカシにしていいの？

放っといてくれよ〜。今度会ったときに話せばいいんだよ。

ホントかな？ 試しに最悪の事態を想像してごらんよ。

最悪の事態？ う〜ん、そうだなぁ……。

（ここから久地くんの想像です）

ごめん！ あの昇給の話、３カ月後からなんだって。

出来杉 え？ 来月からって話でしたよね？ それじゃあ、今度の日曜日のシフトも外してほしいんですが……。

いや、それは困る！

出来杉 昇給がある前提で来月以降の約束断ってシフト増やして、高い買い物も旅行の予約もしちゃったんですよ。どうしてくれるんですか？ もっとはやく言ってくれてたら、どうにかなったのに。

だって、契約更新の手続きはまだしてないし……、いつから昇給って約束してなかったから……。

出来杉　そういう話じゃありません！　今日で辞めさせていただきます！

（想像おわり）

な、なるべくはやく話したほうがいい気がしてきた……。

でしょ？　イヤなことを先延ばしにしてもいいことないのさ。

久地くんはさっそく出来杉さんに電話します。

あのさ、昇給の話なんだけど、社内の手続きの関係で、3カ月後から適用になるらしいんだ。

出来杉　え？　それって話違いませんか？

ごめん！　いつから適用か話してなかったよね。大丈夫かな？

出来杉　稼ぎたかったので、来月のシフト増やしちゃったんですが、元に戻して減らしてもいいですか？

もちろん！

出来杉
よかった。ちょうどいま、友達から遊びに誘われていて、バイト優先しようか迷ってたんです。明日、買い物にも行くつもりだったし、旅行の計画も立ててたんですが、ちょっと無理そうですね。

本当に申し訳ない！　3カ月待ってくれれば増えるから。間違いのないように、昇給の契約更新、はやめにするね。

出来杉
3カ月後には上がるんですよね。わかりました。

解説

取引費用と機会費用

できれば、誰だって「交渉」なんてしたくありませんよね。決められたとおりに仕事が進んで、予定通り利益が出て、何事もなく毎日が過ごせれば、それで十分ですから。相手の利害を探って、「YES」と言ってもらえるかどうかわからない不安を抱えながら自分の要求を出していく交渉は、それだけでかなりのストレスです。さらに上司や取引先など、こわい相手に対して交渉するなんて、できれば避けて通りたい道です。しかし、**生きている限り、他人との間に起きた問題**

の解決、つまり交渉は必ず必要になります。そこで覚えておいてほしいのが、交渉にかかる「費用（コスト）」です。

実際、交渉するためには、話し合いだけでなく、アポ取りや下調べ、資料作成などにかかる、時間という費用があります。さらに精神的なストレスも費用と考えることができます。こういった取引の準備にかかる費用のことを、交渉学では**「取引費用」**といいます。実は、交渉によって得られる利益よりも、この取引費用のほうが大きいのであれば、交渉をしない、という手も考えられます。

しかし、交渉をするかしないか判断を先延ばしにすると、別の見えない費用が発生します。たとえば今回、久地くんがすぐに電話したことによって、アルバイトの出来杉さんは、高い買い物や旅行の予約をしないで済みましたし、友達と遊ぶチャンスを逃すこともありませんでした。逆に久地くんが電話してい

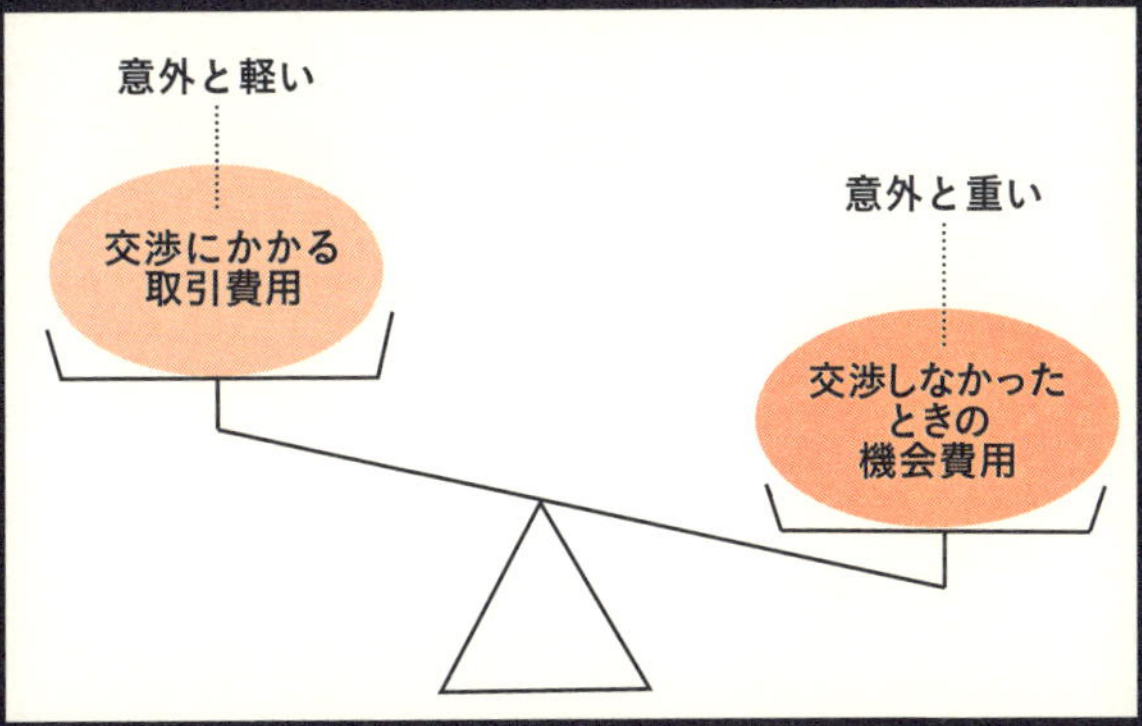

なければ、出来杉さんは買い物や旅行のキャンセルに伴う費用、友達と遊ぶときに得られる幸福感といったものを失うことになります。こういった損失のことを**「機会費用」**の損失といいます。交渉を先延ばしにすればするほど、この機会費用の損失は増えていきます。つまり、目先の取引費用のことを考えて、面倒くさいからと交渉を先延ばしにするのではなく、**徐々に増えていく機会費用のことも考えて、はやめに交渉をはじめるほうが、多くの場合には正解**なのです。まずは意識的に、問題の先延ばしをやめる習慣をつけましょう。

交渉 6 仕事仲間は友人ではない

フェス当日、快晴の空の下で久地くんは大好きなバンドの生演奏を聴くことができました。トラブルがあれば電話で対応する約束でしたが、結局、出来杉さんが完璧に対応してくれたので、一度も電話はかかってきませんでした。しかも出張扱いで往復の交通費も出してもらえて、翌日にはエチゴ工業を訪問して新製品の情報とグッズをゲットしたので、部長との約束も無事にはたすことができました。

さて、充実した週末を過ごして出社した久地くんですが、いろいろワガママを言ってしまったので、「これから部長との関係が気まずくなるかも……」と心配になってきました。さらに、部長にお土産を買ってこようと思っていたのに、フェスの余韻ですっかり忘れていました。とはいえ、部長に出張の報告をしないわけにもいかないので、部長のデスクに向かいます。

部長 お疲れさん。フェスは楽しめたか？

はい、おかげさまで！ ありがとうございました。

部長 エチゴ工業はどうだった？ 抽選会の商品もらってきた？ 何かいい情報あったかい？

あ、はい。じつは今回の新製品はまったく違う素材を使うことになったらしいです。まだ非公開らしいんですが、仕入れは注意したほうがよさそうです。グッズもちゃんといただいてきました。

部長 そうかそうか。ご苦労さま！

部長の機嫌はよさそうでしたが、やはり部長とのこれからの関係が気になって仕方ありません。そこへアボットが話しかけてきました。

やぁ、休みは堪能できたようだね！

おかげさまで！ でも、部長にワガママ聞いてもらったり、お土産忘れたりして、気まずくならないか心配でさ……。

たしかに、部長とキミの人間関係は、少し変化したかもしれない。でも、キミが今回休みをとれず、ストレスがたまってトラブル起こしたり、会社をやめたりするようなことになったら、部長にとってはもっと迷惑だよね。

たしかに、それはそうだ。

人間関係を気にするのも大事だけど、そもそも仕事ができなければ元も子もないよ。ほら、まずは目の前の仕事に集中しなよ！

解説

仕事をする上で大切な「人間関係」とは

ビジネスを交渉としてとらえると、お互いの利害を主張する必要があるので、人間関係が気まずくなるかもしれません。しかしその「気まずさ」は理想的な「気まずさ」なのです。お互いの気分を害さないことばかり考えていたら、利害のズレが見えず、お互いの本当の利害を満たす交渉が成立しなくなってしまいます。もちろん、ビジネスではなくて、家族やおともだちであれば、利益が生まれなくてもよいかもしれません。しかし、ビジネスである以上、自分と相手になんらかの利益があって初めて、人間関係が成立するのです。交渉学では、**「ワーキング・リレーションシップ」**が重要だといわれています。これは**愛情はなくとも、効率的に作業がこなせる人間関係**を意味します。

もちろん、人間である以上、心理的な側面も交渉では重要です。交渉には実利、心理、プロセスの3つの側面があるといわれます。利害のズレで実利を得るだけでなく、心理的な側面も影響しますし、交渉の進め方(プロセス)によっても結果が変化します。3つの要素、いずれも大事ではありますが、最終的に実利がなければ、交渉する意味などそもそもない、というのが私の考えです。少しくらい心理的なストレスがあったとしても、取引費用以上の利益をどれだけ見つけられるかが、交渉の成功・失敗の分かれ目なのです。

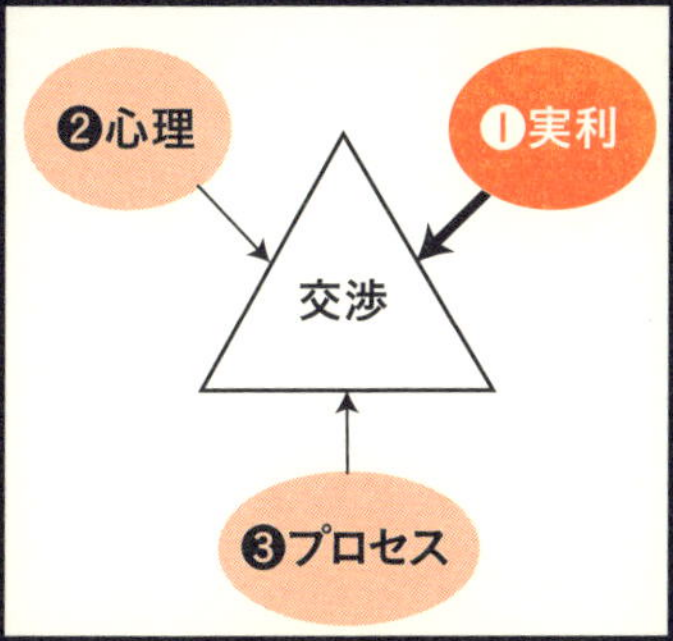

第1章　まとめ

1. 感情的になった時点で交渉失敗。交渉相手の「人物」に対する感情よりも、解決しなければいけない「問題」を優先しよう。

2. 表面的な要求（＝「立場」）だけに注目すると、水掛け論になってしまう。背後にある本音（＝「利害」）を探って、本質的な話し合いをしよう。

3. 相手と自分の利害に「ズレ」があれば、交換取引（自分がコレをするかわりに、相手にアレをしてもらう）を通して、おとしどころが見つかりやすくなる。

4. 新しい利害が発覚すれば、よりよいおとしどころが見つかるかもしれない。「すこしワガママ」に思えても、お互いのためにもまずは要求してみよう。

5. 交渉にかかる「取引費用」（準備にかかる時間や精神的ストレス）と交渉しなかったときの「機会費用」（徐々に増えていく利益や時間の損失）を比較しよう。基本的には、はやめに交渉するのがおすすめ。

6. 交渉の気まずさは理想的な気まずさ。ビジネスでは、効率的に作業がこなせる「ワーキング・リレーションシップ」が大切。

第2章 BATNAという考え方 取引先との発注交渉

交渉0 社長からのムチャぶり

休暇取得のための交渉は無事乗りきった久地くんですが、フェスの翌週に社長から呼び出しを受けます。イヤな予感を感じながら社長室に向かうと……

社長 やぁ、久地くん。最近、積極的に動いてくれてるようだね。実はひとつ大きな仕事を久地くんに頼もうと思ってね。

えっ……！

社長 ウチの在庫管理システムあるだろ。あれ、使いにくいと思わないか？ ネット通販もわざわざ注文伝票起票して入力しなおしたり、データ集計が昔の組織単位だから、結局、エクセル使って集計やりなおしたりしてるよな。あれ、面倒だろ?

はい、たしかに。先日も計算ミスしてしまいました。

社長 それで在庫管理システムを変えようと思うんだよ。これまでずっと、OS社ってとこに面倒みてもらってるから、システムの更新をお願いしてもらえるかな。予算500万円で、来年3月には導入したいね。よろしく頼むよ。

さて、通常業務に加えて、システム更新の作業も任されることになりました。販売管理システムは毎日使っているので、問題点はだいたい理解できています。OS社にお願いしたい作業をまとめて、担当者にメールで見積もり依頼を送りました。

ところが、翌々日になっても返事がないので、のんびりペースの久地くんもちょっと不安になってきました。「メールが届いてないのかな」と思い、電話してみることにしました。

先日メールさせていただいた久地ですが。

担当者 あっ。お返事遅れて申し訳ございません。ご依頼の件ですが、弊社では対応が難しいかと。いちおう検討はしたんですが……。

え、でも、以前から面倒みていただいてましたよね？

担当者　まぁ、そうですが……。取り急ぎ、見積もりをお送りします。

翌日、やっと見積書が送られてきました。なんと、見積もりの合計金額は980万円。明らかに予算オーバーです。さて、どうしたものでしょうか……。

交渉1 他の選択肢を考える

さて、予算の2倍近い見積もりが来てしまいましたが、社長からじきじきに依頼された案件、なんとかせざるをえません。もう一度担当者に電話してみます。

見積もりありがとうございました。

担当者　いえ、遅くなってしまってすいません。で、いかがでしょうか？

ちょっと予算が厳しくて、金額もう少しどうにかなりませんか？

担当者 いや～～あの金額も、かなりがんばったほうなんですよね。以前から御社のシステムを面倒みさせていただいてるので。

どうにもなりそうにないですか……？

担当者 すいませんが、どうにもならないですね、金額は。

わかりました。とりあえず社内で検討させていただきます。

ほとんど値引いてもらえなさそうですし、そもそも少し値引いてもらったところで、大幅な予算オーバーなのであまり意味もなさそうです。社長からのムチャぶりを引き受けてしまったことを後悔しながら、久地くんは途方に暮れています。

「アボットならどうやって解決するのだろう？」とふと思ったとき……

お呼びかな？

うん！ 呼んだ！ 在庫管理システムの更新しようとしてるんだけど、見もり額が予算を大幅に超えてて、交渉にならないんだよ。

ふ～ん。でも、そもそもキミは交渉の準備がまったくできていな

いようだけど？

え、準備？

そう、準備。まず、その会社〝以外〟に発注することは考えた？

でも、社長からの指示だし……。

シャチョーさんからの指示とはいえ、交渉をするなら、他にどんな選択肢があるか、事前に考えておかなきゃ。いわゆる「代替案」、BATNA（バトナ）ともいうんだ。他にも在庫管理システムをメンテナンスしてくれる会社はあるんじゃないの？

あるかもしれないけど、OS社がずっと面倒みてくれてるから、他の会社だと、イチからシステムつくりなおしだよね。

でも、もしかしたら予算内かもしれないよ？

それはそうなんだけど、面倒じゃない？

そうやってメンドくさがってると、いつまでたっても交渉できないよ。交渉っていうのは、情報収集がいちばんダイジなんだ。

わかった、わかった！ 調べてみるよ。

あと、他社に発注する〝以外〟にも何か手段があるんじゃない？

えーと、いますぐ更新せずに、1年くらい先延ばしにするとか？

だろ。そういう代替案はたくさんあるはずさ。

OS社さんに値下げをお願いするっていうのも代替案？

いや、それは代替案じゃない。あくまで、「もしもOS社に発注しなかったとき、自分に何ができるか」を考えるんだ。

でもさ、なんでわざわざ代替案を考えなきゃいけないのさ。

いいかい、代替案を探して、考えて、「これだ！」っていうひとつに絞っておくんだ。相手が出してきた条件がそれよりもよければ、「イエス」、悪ければ「ノー」って言うのさ。

ということは、相手の提案を自分の代替案と比べてみて、合意するか、しないかを決めるってこと？

そのとおり！ わかってきたじゃないか！

解説

交渉の判断基準、BATNA

交渉学のいちばん大事な考え方のひとつに、**BATNA(バトナ)**というものがあります。"Best Alternative to a Negotiated Agreement"の頭文字をとってBATNAというのですが、これは交渉が決裂したときの、自分にとってベストの代替案という意味です。

交渉でなんとかおとしどころを見つけようというときに、決裂について考えるというのも変な話ですが、じつはこの逆転の発想こそが、おとしどころを見つける秘訣なのです。では、なぜ代替案であるBATNAが必要なのでしょうか。

この章で詳しく見ていきますが、BATNAにはいろいろな使い道があります。その中でもいちばん大事な使い道は、**交渉の中で相手から出てきた提案を受け入れるか、受け入れないかを判断する基準として、BATNAを使う**ことです。

久地くんはBATNAのことを考えていませんでしたが、たとえば、複数社に見積もりをとって、いちばん安いA社が1300万円の見積もりだったとしましょう(BATNA①)。だとすれば、OS社の980万円のほうが安いので、合意してもよいことになります。逆に、B社が700万円という見積もりを出してきたとしたら（ＢＡＴＮＡ②）、ＯＳ社が値引いてくれない限り、合意してはいけません。これはいわゆる「相見積もり」をとるということですね。

久地くんは社長から、予算５００万円で依頼を受けていました。ですから５００万円以上で合意したら社長に怒られるでしょうが、それはたんなる社内の事情であって、交渉学で考慮すべき事情ではありません。交渉がはじまったら、まずはＢＡＴＮＡを特定すること、そして相手から出てきた条件とＢＡＴＮＡを比較するクセをつけることが、交渉力を身につける第一歩なのです。

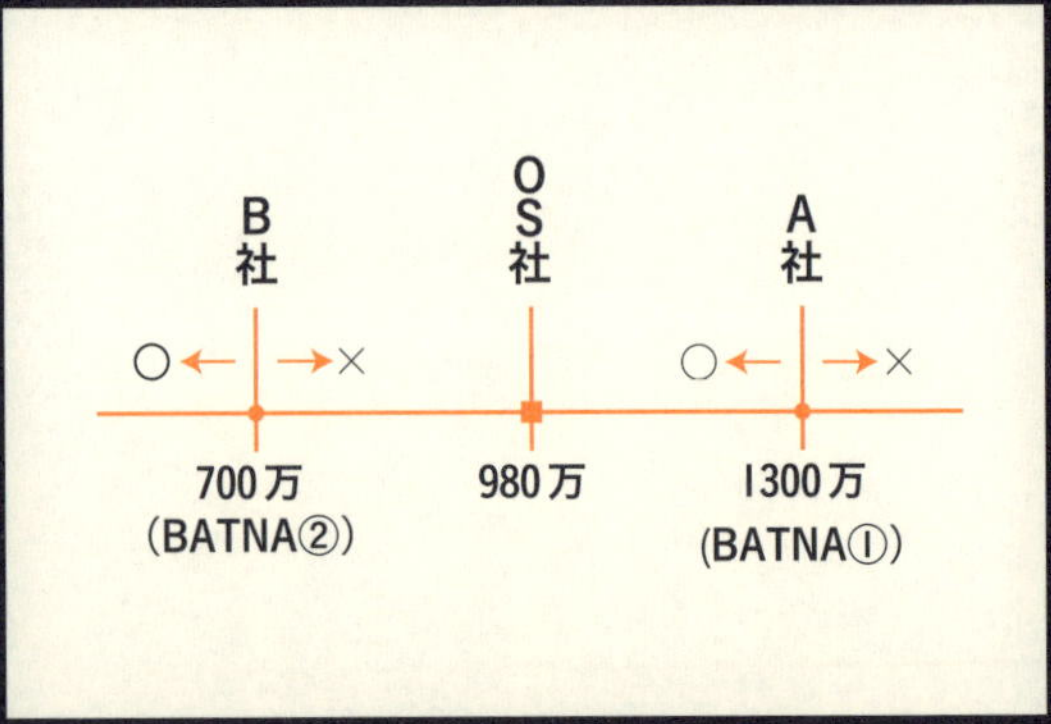

交渉 2

こちらから断ったら、相手はどうなる？

アボットからのアドバイスで、OS社に発注しない場合の選択肢を考えてみた久地くん。いくつかの会社に連絡しましたが、どこの会社も、他社がつくったシステムを改修するのは難しく、システムを最初からつくりなおすことになりそうです。

複数社の提案を見てみたのですが、いちばん安くて使いやすそうなのが、B社からの700万円という提案でした。

価格だけ見れば、B社の提案のほうがOS社の見積もり額（980万円）よりも安いので、B社に発注するのが合理的かもしれません。しかし、社員はみな、いまのシステムに慣れているので、すべて入れ替えるのには抵抗があります。「アボットなら、どうやって解決するんだろう？」と思ったそのとき……

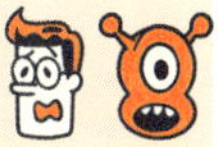

やぁ、どうだい？ 代替案は見つかった？

いちおう見つけたけど、システムを全部入れ替えなきゃいけないから、そこまでいい案でもないんだよね。何かOS社を説得する手段ってないの？

魔法を期待されちゃ困るよ。私はあくまで、合理的な交渉のテクニックを教えてるだけなんだから。

でも、なんで980万円なんて見積もり出してきたんだろ？

相手の事情を知りたかったら、相手の代替案も考えてみるんだ。

相手の代替案？

もしOS社が、キミの会社から受注しなかったら、彼らはその空いた時間で何をするかな？

他の会社の仕事でもするんじゃない？

そうだね、他の会社がキミの会社よりもいい条件で仕事を発注してたら、キミの会社の仕事を受けようとは思わない。つまり、彼らにも代替案があるんだよ。

じゃあ相手の代替案も調べろってこと？

そう、そういうこと！

そんなのムリだよ。他社がいくらで発注してるかなんて調べようがないんだから。

もちろん金額まではわからないだろう。でも、忙しそうか、ヒマそうか、くらいはわかるかもしれないよ。ヒマなら、仕事ほしいだろうから、値引きしてくれるかもしれないし。

久地くんはデスクのパソコンで「OS社」と検索してみます。すると、専門誌の最近の記事がいくつか出てきました。どうやら大手外資系システム会社と協業することになったそうで、人工知能（AI）を使ったネット通販システムの開発に乗り出したそうです。

なるほどね。ウチみたいな小さな会社よりも条件よさそうだな。

だから980万円なんて見積もりが出てくるのさ。向こうは、このAIの仕事を担当する社員にキミの会社のシステムを改修させることになるかもしれないよね。だとしたら、このAIの仕事と同じくらいの料金を請求したくなるんじゃない？

じゃあ、OS社に頼むのはムリってことかぁ。

相手の代替案がここまで強いと、どうしようもないさ。これは

「もしも」の話だけど、この外資系システム会社との協業が中止になって、OS社の人手が余るようなコトになったら、逆にこっちが強気に出れるだろうね。

要は、相手の代替案がどれだけ強いかってことなのか。

解説

相手のBATNAを探る

前回は、交渉が決裂したときの代替案をBATNAと呼び、BATNAを基準に合意するかしないかを判断すべき、という話をしました。しかし、自分のBATNAを考えるだけでは不十分で、**交渉相手のBATNAも考えなければならない**、というのが今回のポイントです。

自分がBATNAを持っているように、交渉相手もBATNAを持っているのが交渉です。だとすれば、相手がどのようなBATNAを持っているのかを知っておく必要があります。しかし、OS社が他社からいくらの仕事を受けているかを知ることはできません。具体的な単価まではわからないでしょうが、他社からの仕事で忙しそうかどうか、景気はよさそうかどうか、といったことを探ることはできるでしょう。今回わかったことは、OS社が大型の案件を受注したので、久地くんの会社の仕事を受けなくても十分やっていけそうだ、ということです。OS社のBATNAは、久地くんの会社のシステム改修を受託せず、外資系システム会社との協業に人員を充てる、ということになるでしょう。

ここで、BATNAを理解していただくため、少し仮想的なお話をします。久地くんの会社のBATNAは700万円でB社に発注することでした。OS社が同じ作業量の仕事を外資系システム会社から受注する場合、いくらもらえるでしょうか。もしそれが400万円だったとしたら、実は交渉の余地があります(BATNA①)。久地くんの会社は700万円以下で発注、OS社は400万円以上で受注したいので、400~700万円の間におとしどころが見つかるはずです。

もしも、同じ作業量に対して、OS社が外資系システム会社から900万円もらえるとしたら、どうなるでしょう(BATNA②)。久地くんの会社は700万円以下で発注、OS社は900万円以上で受注したいとなると、おとしどころが存在しなくなります。この場合、いくら交渉してもムダで、久地くんの会社はB社に発注すべきだし、OSは大手企業との協業を続けるべきです。

自分のBATNAと相手のBATNAにおとしどころが存在します。この幅のことを交渉学では**「合意可能領域」**といいます。ちなみに合意可能領域は、“Zone of Possible Agreement”、略してZOPA（ゾーパ）ともいいます。アボットもお手上げだったように、もし、合意可能領域が存在しなければ、交渉による合意はかなり難しいということです。

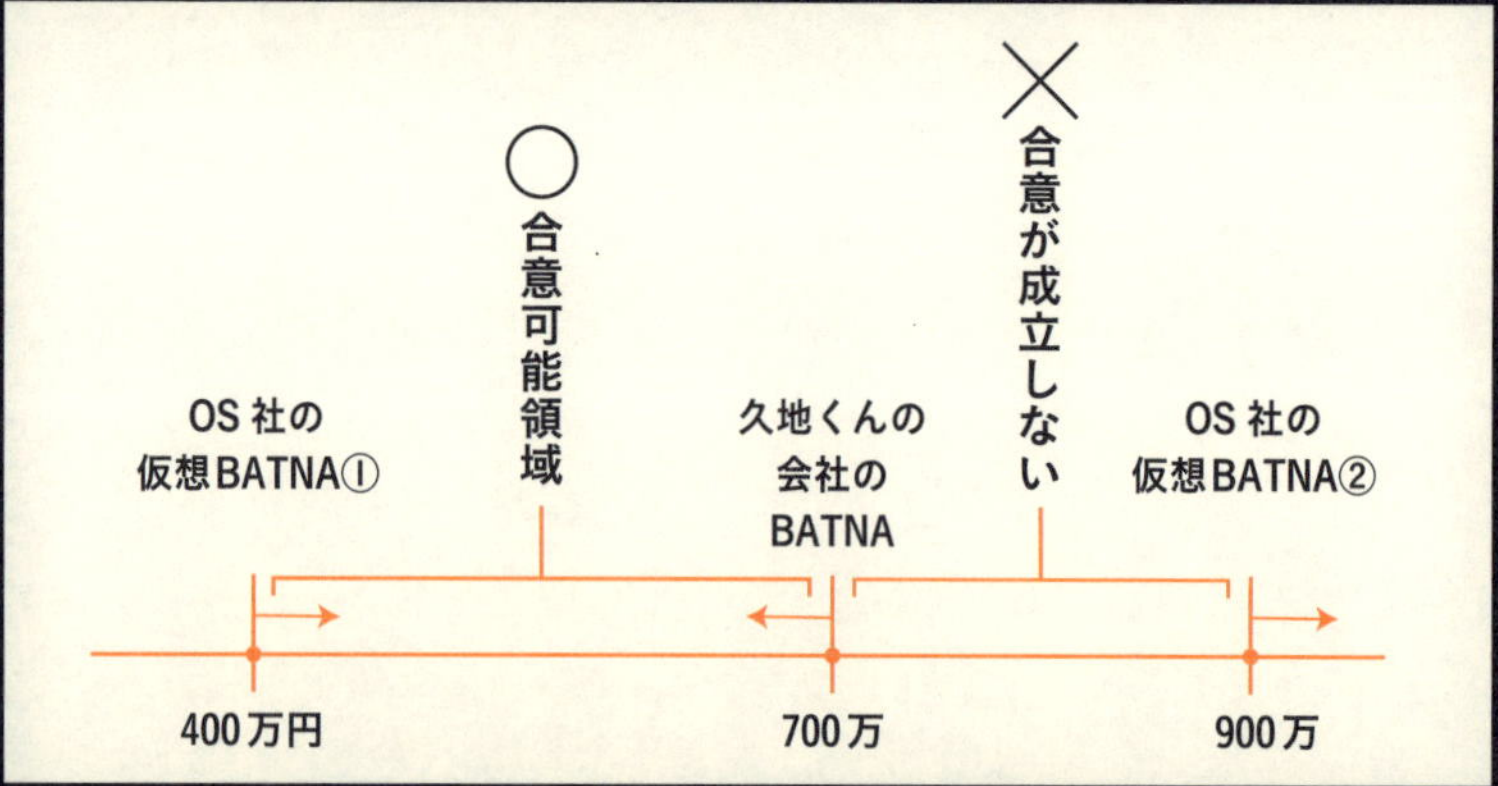

交渉3 BATNAがなければ、相手のいいなりになるしかない

OS社への発注はかなり難しそうです。社長に報告しなければならないのですが、「ムリでした」と言うのも気が引けるので、久地くんはできるだけ社長に会わないよう気をつけていた……のですが、運悪く廊下で鉢合わせしてしまいました！

社長 あー久地くん！ システムの件、どうなった？

それが、予算の倍近い金額の見積もりが来ちゃいまして。

社長 おいおい。久地くん、ナメられてるんじゃないのか？

すいません。どうやら、OS社が別の大型案件を受注してるようで、私たちの発注に関われないみたいなんです。他の会社も調べてみたんですが、システムの改修はできないようで、新しくシステムをつくりなおすため、少し予算オーバーになりそうです。

社長 いや、ぼくはいまの在庫管理システム気にいってるんだよね。他

社に頼んで入れ替えるっていうのは、ナシだと思うんだよな。

なるほど、しかし予算が……。

社長 そこをなんとかしてくれないかなぁ。頼んだよ久地くん！

社長のムチャぶりは相変わらずです。どうしたらおとしどころを見つけることができるでしょうか。Ｂ社に乗り換えるのであれば、解決できなくもなさそうですが、ＯＳ社は景気もよさそうで、大きな値引きは期待できません。久地くんが「困ったなぁ……」と嘆いていると、アボットのほうから声をかけてきました。

やぁ、大変そうだね。

どうしよう？　絶対ムリだよね、この発注……。

まぁ今回はＯＳ社と話をしてみるしかなさそうだね。そもそも、なんでこんなことになったのか、考えてみようか。

社長がいまのシステムにこだわってるのが悪いんじゃない？

なんでそれが問題だと思うんだい？

だって、代替案を考えようがないじゃないか。交渉にならないよ。

キミもずいぶん成長したね！ その通り。ひとつの取引先にこだわってしまったら、代替案がないから交渉しようがないんだ。

でもいまの受注管理システムを他社が改修できてたら、代替案はあるはずだよね。

他社が改修できないようなシステムをつくったのかもよ。

わざと他社がいじれないようにしてるとか？

可能性はあるね。逆に、他社でもメンテナンスできるような仕様でシステムをつくってなかったのは、キミの会社の責任かもよ。

じゃあ今回はどこがおとしどころになるんだよー。

いまの在庫管理システムの改修にこだわるなら、代替案の考えようがないから、ＯＳ社の言い値で発注するしかないよね。新しいシステムを入れるなら、複数の会社がメンテナンスできるような仕様で発注すべきだろうね。

結局、現在の在庫管理システムに問題があることがわかったものの、それを社長にいきなり報告するわけにもいかず、部長に相談してみます。

部長

こういうことで、かなり難しい状況なんです。

それはかわいそうだな。そういえば、いまのシステム導入したのってきみが入社する前なんだけど、システムのこと何も知らない人が導入したんだよ。OS社のいいなりだったのかもな。

いったん依存しちゃうと抜け出せないんですね。

部長

オレたちも、商品の仕入れルートをいつも開拓してるだろ。同じことだよ。卸を一社に依存したらいいなりだよ。他の選択肢を持っておく、っていうのはビジネスの基本だな。

解説

何事にもBATNAはあるはず

交渉学のレクチャーをしていると、「実際の仕事だと、BATNAなんてないですよ」と言われることがよくあります。代替案を考えようにも、特定の取引先しかなくて、その取引先とのやりとりをなんとか成立させなければいけないそうです。

しかし、「BATNAが存在しない」という状況は理論上ありえません。むしろ、「BATNAの条件があまりに劣悪すぎて、考える気さえ起きない、考えたくもない」というほうが実態に近いのではないでしょうか。

久地くんの会社も、過去に在庫管理システムを導入したとき、OS社しかメンテナンスできないようなシステムを導入してしまったがゆえに、他社にメンテナンスをお願いできない、OS社に高額のメンテナンス代を支払うしかない状況に追い込まれました。いまさら誰が悪い、と責任追及しても仕方ありません。

大切なことは、**現実的な代替案をいつでも選択できるよう、つねに準備しておく**ことです。ITシステムであれば、一社依存にならないよう、他社でもメンテナンスできるシステムを最初から設計しておくことが必要でしょう。

会社勤めであれば、いつ辞表を出しても大丈夫なように、別の生き方、別の職場を考えておく、探しておく必要があります。会社によっては「自分の会社に身を捧げる」ような社員像を強要しようとするでしょうが、それは、「転職」という社員のBATNAを奪うことで、社員を搾取しようとする交渉の戦略でもあるのです。そういう会社ほど、いい転職先(＝条件のいいBATNA)を見つけられる社員から、どんどん退職していきます。逆に、自分のBATNAを見つける努力をしないのであれば、悪い条件で受発注したり、ブラック企業のいいなりになったりするしかないのです。

交渉4 意外なところにいい条件は転がっている

OS社への発注は絶望的ですが、社長に「ムリです」とは言えません。思い切ってOS社に直接お願いに行ってみることにしました。手土産を持ってOS社を訪問する久地くん。着いてみると、みなさんものすごく忙しそうです。約束の時間になっても誰も現われず、10分ほど待たされたあと、やっと担当者が出てきました。

担当者 いやー、すいません。遅くなってしまって。

いえ、お忙しいところ恐縮です。あの、弊社のシステム改修ですが、なんとか500万円以内でお願いできないでしょうか？

担当者 いや、ですから、それはムリなんですよ。ご存知かもしれませんが、弊社、大型の案件を抱えていて、そちらにSEが駆り出されて、改修の案件は手がつけられないんですよ。

「これはどうしようもなさそうだな……」と久地くんがあきらめかけたとき、壁に貼ってある、OS社の新サービスのポスターが目に入りました。

「在庫管理クラウドはじめました！」

「これってもしかしたら……」と、思い切って担当者に聞いてみます。

担当者

あの、ちなみにこの在庫管理クラウドっていうのは?

あ、それは弊社が開発した新サービスで、お客さまごとにシステムをつくるんじゃなくて、弊社のシステムをネット経由でお客さまに使ってもらうシステムなんですよ。

はじめは自社のシステムを改良してもらうことしか考えていませんでしたが、このサービスに乗り換えてしまうのもアリかもしれません。とはいえ、システムを全面的に入れ替えるとなると、予算が心配です。そこで、よくよくポスターを眺めてみると……

「月々10万円から！」

「え!? 10万円? 余裕で予算の範囲内じゃん!」と久地くんはビックリして、担当者に話を聞いてみます。

担当者 最近はサブスクリプションといって、一括払いじゃなくて、サービスに合わせて毎月料金をいただくのが増えてきてるんです。

久地くんもシステムのことは詳しくないので、自社でシステムを抱える以外の方法を考えていませんでした。しかし、担当者の話を聞いてみると、現在の久地くんの会社の在庫管理システムと同じような画面にもできるようで、クラウドの導入もアリのようです。

 これまでシステムの改修を相談してきましたが、もしかしてクラウドで、弊社の問題を解決することってできたりします?

担当者 条件は変わりますが、検討の余地はあるかもしれません。

 本当ですか!

打ち合わせに来るまで、社長への言い訳ばかり考えていた久地くんですが、一筋の光明が見えてきました! いい方向へと話が進みそうです。

解説

おとしどころは「思い込みの外」にある

交渉を「自分が狙った条件を獲得する」ことだと思ってしまうと、相手にその条件をいかにのませるか、あるいはどの程度妥協するか、といったモノの見方しかできなくなってしまいます。しかし、**交渉の目的は利害を満足させること**なのです。つまり条件や手段に関係なく、抱えている問題が解決しさえすればいいのです。

久地くんは、OS社にシステムの改修をお願いすることしか頭にありませんでした。「社長から言われた条件は変えようがない」「その条件で受け入れてくれるようにお願いをするしかない」と思い込んでいたから、久地くんはあきらめるしかなかったのです。自分の可能性を自分で勝手に狭めてしまっていたのですね。しかし世の中、技術も変われば、常識も変わります。自分の思い込みで決めつけていた条件が受け入れられなくても、これまで考えてもみなかった、まったく違う解決策ならば、喜んで引き受けてもらえるかもしれません。第1章で立場と利害を区別する必要性について触れましたが、本質は同じことです（26ページ参照）。特定の解決策にとらわれず、自分が本当に必要としているものを理解して、幅広く解決策を模索することが、おとしどころを見つけるコツです。

ですから、**新しい解決策を知っていること、つねに探し続けることも、おとしどころを見つける上でとても重要な能力**になります。

英語で"think out of the box"、直訳すると「箱の外で考える」というフレーズがあります。思い込みにとらわれず、自由に発想することで、誰もが納得できるおとしどころが見つかるかもしれません。普段とはまったくちがう手段をためしてみる勇気も、交渉には必要なのです。

交渉 5

交渉はそのときだけのものではない

O

S社にクラウドを使った在庫管理システムを発注することにした久地くんは、社長に報告に向かいます。

当初は現在のシステムの改修で考えていましたが、予算内では不可能だと判明しました。他社にも相談しましたが、システムを

つくりなおすのでもっと予算がかかるそうです。ＯＳ社に再度相談したところ、「在庫管理クラウド」という新しいシステムを使うと、毎月の維持費用がかかりますが、初期費用も含めて予算内で在庫管理システムを改善できそうです。

社長 うん、よくやったね。そういえば、そのクラウドで躍進してるって会社、つい先週、雑誌の記事で見たんだよ……あ、このモンキー開発って会社だ。激安らしいぞ。ここには相談したかい？

いいえ、でも社長、いまのシステムがお好きだったのでは……？

社長 あれ、そんなこと言ったけ……？ まぁ、ＯＳ社でもいいけど、ここにも聞いてみてくれるかな。

「人の苦労も知らずに、テキトーなことばっかり言って、まったく……」と思いつつ、たしかにクラウドという条件では他社と比較をしていなかったので、モンキー開発にも相談してみることにしました。すると、いかにもノリのいい若手の営業がやってきました。

モンキー 今回はお声がけいただき、ありがとうございます！ 弊社はゼッタイの自信があります！ 誰もが知ってる大手メーカーさんの実績もありますし、しかもどこよりも安いんで！

弊社の在庫管理を御社にお願いしたら、どうなるでしょうか。

モンキー セットアップ費用はタダですよ。無料なんです！ まずはご契約いただいて、そこからご相談させていただければ。

いや、そんなわけには。毎月の維持費もかかるわけでしょうから。

モンキー なるほど、ちなみに他社さんの見積もりっておいくらですか？

ビビビビビビビ!!! 頭の中で「交渉アラート」が響きました！

ちょ、ちょっとすいません。すぐ戻りますんで。

あわててトイレの個室に駆け込んで、アボットと脳内会話に入ります。

びっくりしたなぁ。あまりに急なんだもの。

キンキュージタイだからしょうがないさ。

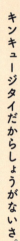

ていうことは、やっぱりこのモンキー開発ってあやしいのかな。

まぁね。OS社の見積もりはゼッタイ見せちゃいけないよ。

え、なんで？　もっと安くしてくれるかもしれないじゃん。

いや、ほかよりちょっとだけ値切った価格設定をする魂胆さ。10万円なら9万円、20万円なら19万円にしてくるだろうね。

それって、ずいぶんいい加減な商売じゃない？

商売なんて意外とそんなものさ。自分の代替案をバラしたらアシモト見られるだけ。あと、価格以外の条件をよく聞いておきなね。表面的にはいい条件だけ言ってくるだろうから。

応接室に戻った久地くん。アボットに言われたとおり、細かい条件を確認します。

他社の見積もりは見せられませんが、おいくらなんですか。

モンキー　いや、条件次第ですが……最初の1年は毎月15万円でいかがでしょうか。セットアップ費用は無料ですよ！

セットアップとは、弊社の社員が在庫管理できる状態ですか？

モンキー えっと、御社向けのカスタマイズは別途お見積もりとなります。

他のシステムに変えるとき、データの引き継ぎはできますか？

モンキー いや……弊社でゼッタイ満足いただけるはずですので。

こんな押し問答が続いたので、さすがにウサン臭く感じて、お引き取りいただきました。社長に報告したところ、「たしかにその会社は怪しいな」と、さすがに納得してくれました。

解説

中長期的な視野で考える

交渉を短期的なかけひきだと考えると、いかに安く、いかにいい条件で妥結するかにばかり目が行ってしまいます。海外旅行中に、市場でおみやげ品の値切りをするなら、たしかに短期的なかけひきだと思っていいでしょう。しかし、ビジネス交渉の場合、決めたことを実行に移すには数年かかるかもしれません。久地くんの会社も、新しいシステムを導入したら、その後数年間は使うことでしょう。

［※注］人の「一貫した振る舞いをしようとする」心理を利用して、小さな要求から承諾してもらい、徐々に要求を大きくしていくテクニックです。この名称は、セールスマンが訪問先でドアを閉められないように敷居に足を入れ、相手が商談を拒否できないようにする動作に由来しています。

利害やBATNAを検討して、効率よく、できる限りいい条件で合意することも大事ですが、同時に、**合意した条件が長期間にわたってほんとうにいいものなのか**も、考えておかなければなりません。モンキー開発は、とりあえず安値を提示して契約をとってしまい、後から価格を吊り上げていく戦略が見え見えです。交渉の心理学では**「フットインザドア」**※と呼ばれる戦略です。しかし、それを受ける側が、先々のこと、値上げや実現可能性などのリスクをよく考えられれば、戦略にひっかかる危険は低くなります。

OS社は、たしかに導入費用は高いかもしれませんが、過去の実績もありますし、長期的なメリットを考えれば、モンキー開発よりも信頼できる会社であることは間違いありません。交渉は、目先の利益としがらみにとらわれず、利益と費用を天秤にかけながら進めるものなのです。

交渉6 不安なときには「順応的管理」と「条件つき合意」

さて、ＯＳ社との契約は詰めの段階に入りました。ですが、ここで問題が発生してしまいました。きまぐれな社長は、来年度にまた組織体制の見直しを考えているらしいのです。そうすると在庫管理システムも、またアップデートが必要になります。

しかし本当に組織を変えるのかどうか、社長もまだ決めかねているようです。久地くんは「柔軟に対応できるようにしといてほしいんだよね」と社長に頼まれましたが、ＯＳ社からの提案は3年契約なので、来年度にまた見直すことになると、またイチから発注のやりなおしになり、トラブルのタネになりそうです。ＯＳ社の担当者は信頼できそうな人なので、率直に問題を説明しました。

すいません、社長がワガママなもので。

担当者　いえいえ。3年間の契約ならお得ですが、先々、不確定要素が多いようでしたら、1年間の短期契約がいいかと思いますよ。

担当者 それも可能なんですか？

もちろん3年契約のほうがありがたいですが、御社の事情を考えますと、少し出費が増えますが、ムリに長期契約されないほうが、トラブルを避けるためにもよろしいのではないでしょうか。

担当者 ありがとうございます。しかし来年度、見直しが入るかどうか、よくわからないんですよね。見直しがなかったら、3年契約にしておいたほうがよかったなぁ、って後悔すると思うんですよね。

では、維持管理は3年契約として、もし来年度にシステムのアップデートが必要になった場合には、弊社が所定の金額を頂戴してアップデートする、というオプション契約にしましょうか？

担当者 そんなことができるんですか？

この手のシステムは不確実要素が多いですから。弊社はクライアント様との長いお付き合いを考えてますので、お互い納得した形でサービスを提供させていただきたいんです。

こうして無事、当初の予算内で3年契約の在庫管理システムの改修を行うことができました。久地くんも社長直属のプロジェクトを成功させたということで、社内の評価が急上昇しています。契約を締結をした後、アボットが話しかけてきました。

やぁ、お疲れさま。

おかげさまで無事契約できたよ！ そういえば、社長のきまぐれで仕様が変わるかもしれないのに、オプション契約含めて3年契約にしちゃったんだけど、よかったのかな。3年間逃げられないわけじゃん。

確かに、代替案をとっておく、という観点からしたら長期契約はリスキーかもね。

じゃあアドバイスしてくれればよかったのに！

契約の途中解約についての条項は、ちゃんとチェックした？

あ、そういえば交渉してなかったかも。

3カ月分の違約金を支払えば途中解約できるって契約だったから、3年間でも大丈夫だろう、と判断したのさ。

そうだったんだ……！

しかもOS社は、来年度に仕様変更が発生するかもしれないからオプション契約にしてくれただろ。不確実なことがある場合、柔軟性のある契約にすると、お互いにメリットがあるんだ。

でも、OS社はいまのうちに契約をとったほうが儲かるよね？

そしたら、どうせ後々トラブルになる。ムリに押し売りするような交渉もありえるけど、長いツキアイもダイジなんだよ。

解説

交渉とは「未来」のためのもの

交渉は、過去に何が起きたかではなく、未来に何をするかを決めるものです。誰がいくら支払うのか、誰が何をするのか、そういう未来のことを決める以上、**不確実性**についても考慮しなければなりません。約束した人は本当に約束を実行できるのか？　約束が実行できなかったとき、どういう補償をするのか？　もしかしたら、想定外の出来事が起きるかもしれません。地震や台風などの自然災害や、誰も考えていなかった規模の経済の混乱などが起きたとき、どのように対処すればいいのでしょうか?

未来の約束をする以上、交渉ではこのような不確実性について対応することが必要になります。日本国内の契約書では、「トラブルが起きたときには協議して解決する」という趣旨の一文が含まれることも多いですが、できればもう少し具体的な対応が望まれます。たとえば海外との契約であれば、もめごとになったときの解決のため、仲裁の手続きが記載されることも多いです。

今回のシステムの契約では、トラブルの心配はなさそうでしたが、社長が来年度に組織の見直しをしたら、システムの設定を変えないといけないという不確実性がありました。ここでひとつの解決策は、契約期間を短く、小規模にスタートして、契約を見直しつつ、規模を拡大するという手段です。このようなやり方は、**「順応的管理」**と呼ばれ、小さくはじめることで、想定外のことが起きてもすぐに修正できます。あるいは、**「条件つき合意」**といって、「もし○○が起きたら××する」という条項を書き込むという手段もあります。これは今回のオプション契約に該当します。いずれにせよ、何事においても不確実な条件があるのであれば、目をそらすことなく、規模を小さくするか、具体的な対応策を記載するか、何らかの対応をするようにしましょう。

第2章　まとめ

1. BATNA（バトナ）とは「その交渉が決裂したときの最善の代替案」のこと。これを事前に準備しておけば、交渉中に出てきた相手の提案を受けるかどうかの基準になる。

2. 自分にBATNAがあるように、相手にもBATNAがある。その２つのBATNAの間におとしどころがある。この「合意可能領域」をZOPA（ゾーパ）という。

3. BATNAがなければ、相手のいいなりになるしかない。これは何事においても同様。現実的な代替案をつねに準備できるようになれば、相手に搾取されることはなくなる。

4. ひとつの条件や手段しかないと思い込んでしまうと、おとしどころが見つかる可能性は狭まってしまう。あくまで「自分の利害を満たすこと」を目的として、幅広い視野で解決策を探そう。

5. 交渉は短期的なかけひきだけではない。とくにビジネスの場合は、中長期的に考えて妥当な条件かどうか、よく考えておこう。

6. おとしどころが見つかった後には、それがほんとうに実現されるか、不確実性を把握しておく必要がある。場合によっては、小さい規模で契約を交わしたり、契約に柔軟性を持たせるなどの対策が必要になる。

第3章

多者間交渉のキホン
社内会議での交渉

交渉0

みんなワガママで、話が前に進まない！

久地くんの勤めるアウトドア用品の販売会社では、新しい在庫管理システムを導入して間もなく、低価格のエントリーモデルの需要が高まっていることがわかりました。しかし、無名メーカーのエントリーモデルは安価なため利益が小さく、不良品やクレームも多いため、あまり扱いたくありません。そこで、ビギナー向けに一定の品質を確保したPB（プライベートブランド）を展開することになりました。社内各部署の若手を集めたPB開発チームが結成され、またまた社長からのムチャぶりで、久地くんがとりまとめ役を任命されたのでした。

ということで、私たちの会社でもPBを検討することになりま

した。まずは各部署のご意見、お聞かせいただけますか?

経営企画① アイデアとしてはいいと思うけど、下請けにある程度投資することになるから、リスクを誰がとるのかって話になるよね。

バイト ビギナーの方って価格重視なんで、いまの無名メーカーのビギナー向け商品よりも価格を下げられないときついっすよねー。

総務 えーと、なんでうちの部署が呼ばれたんですか? 法務の担当者は必要だと思いますが、なぜ私が?

経営企画② なんかネガティブな話が多いけど、もっとポジティブに考えようよ。これからの時代に合った商品を開発する機会じゃないか。

総務 否定するわけじゃないんですが、何をすればいいのか、はっきりしてもらわないと困るんですよね。他の仕事もあるので。

いやぁ、そんなこと言わないで、よろしくお願いしますよ。

経営企画① まぁPB自体はいいと思うけど、そもそもどの商品をいつまでにつくるか、とか何も決まってないから、どうしようもないよね。

まずはみなさんのご意見を伺いたいなと思ったんですが……。

総務　意見っていわれても……あ、すいません。ほかの打ち合わせがあるんで失礼しますね。

経営企画②　あ、ぼくもそろそろ出なきゃ。失礼。

経営企画①　じゃあ、私もここで。

結局、初回の集まりではみんながワガママを言うだけで、何も進展しませんでした。このままではPBの立ち上げなど、とてもできそうにありません。さて、どうなることやら。

交渉1 まずは「総論賛成」で盛り上げよう

初回の集まりでは散々な目にあった久地くん。「こういうときに限って、なんでアボットは助けてくれないんだよ……」と心の中でグチったそのとき……

やぁ、またまたタイヘンな目に遭ってるねぇ。

もう、遅いよ～！　これってもう手遅れじゃないの？

いやいや、まだリカバリーできるさ。そもそも、なんであんなにやる気のないヒトたちばかり集めたんだい？

だって、社長が各部署に出させた代表らしいから。

そんな受け身だから、トラブルに巻き込まれるんだよ……。まぁ、まずはPBについて、みんながどう思ってるか知らないとね。

う～ん、開発そのものに反対する人はいなかったけど……。

そうだね。じゃあ、なんでネガティブな雰囲気だったのかな？

え、そんなの知らないよ。

「知らないよ」じゃすまないよ！ キミはそもそも、PB開発に向けて、みんなのテンションを上げなきゃいけなかったんだよ。

みんなのテンション？

PB開発についてはみんな同意してるんだから、「PBをみんなでつくるぞ！」ってやる気にさせなきゃいけなかったのさ。

いやいや、いちおうそのつもりだったよ？

だったらなんでいきなり「意見を伺えれば」なんて聞いたんだい？ ただでさえみんな忙しいのに、勝手に選ばれた集まりで、いきなり意見を聞かれたら困るでしょ。みんな「ヘタなことを言ったら、面倒な仕事が降ってくるかも……」と思ったから、ネガティブな意見が先行したのさ。まずは漠然と意見を聞くんじゃなくて、「PBをはじめることがタノシイ」あるいは「PBをはじめなきゃヤバイ」って雰囲気をつくらないといけなかったのさ。

雰囲気づくりかぁ、苦手なんだよねぇ……どうすればいい？

何事もまずは準備から。とりあえず、みんなをもう一回集めよう。今度はみんなのテンションを上げる作戦を考えようじゃないか。

翌週、各担当者に直接お願いしに行って、久地くんはなんとか全員を再び集めることができました。

前回は私の説明不足で失礼いたしました。じつは、ここにはわが社の若手精鋭のみなさんにお集まりいただいています。まず、わが社のビギナー向け商品の売上傾向について説明させてください。このままメーカーからビギナー向け商品を仕入れて販売するだけでは、クレーム対応などの手間がかかるばかりで増益につながりません。しかし、競合他社と比較すると、ビギナー層の確保は生き残りに必要不可欠です。そのため、他社に先駆けてPB商品を開発し、ビギナー層の取り込みをはかりたいんです！
経営企画課さん、PBが必要だと思いませんか？

経営企画① まぁね。でも、こないだも言ったけど、下請けに投資するならリスクがあるよね？

もちろんあります。 そのリスクを最小化するために、お知恵を貸していただけませんか？

経営企画① え、ええ。まぁ、そこらへんの知識はあるので、手伝えるよ。

ありがとうございます！

総務課 あの、なんでまた私がこの場に呼ばれたの？「若手精鋭」って言われるのは悪い気しないけど、ウチはあまり関係ない気が……。

総務課として、このメンバーでPB開発をはじめても問題がな

［※注］人間は、何かものごとを見るときには、何かしらの「枠（フレーム）」をはめて見るものです。たとえば、半分水の入ったコップを見て「半分しかない」と思うか、「まだ半分もある」と考えるかはフレーム次第です。ネガティブな意見に対して、あえてポジティブな「フレーム」から見直した発言に言い換える技術を、リフレーミングといいます

いかだけ、確認させていただきたかったんです。

総務課

まぁ、別に問題はないけど……。

承知しました。ＰＢ開発には賛成いただけたので、次回以降、会議はできるだけ減らし、必要に応じて相談させてください。

このあともアボットとの作戦どおり、久地くんは次々と同意をとりつけていきます。

みなさん、ＰＢ開発の必要性はご納得いただけたと思います。課題については、みなさんのお力をお借りして、一つひとつ解決できればと思っています。引き続き、よろしくおねがいします！

解説

まず共通の認識をつくる

第3章では、複数の交渉相手がいる会議を扱います。当初、社長からの指示のまま、各課から打ち合わせに集まってもらった久地くんでしたが、結局、みんなの不満、懸念が出てくるばかりで、プロジェクトが最初から頓挫しそうな状態に

なってしまいました。多数の関係者がいるプロジェクトをはじめるとき、**それぞれの都合を最初に聞いてしまうと、みんな「火の粉が降ってくる」のをおそれてリスク回避をするため、ネガティブな意見ばかり出る傾向**にあります。

やりなおした会議では、まずPBを開発することが会社の存続にとって欠かすことができないことを説明しています。このような大きな目的、本質的な意義を否定する人はあまりいないでしょう。このように、**まず誰も否定できない「総論賛成」をつくることが重要**です。そうすることで、問題の存在を関係者に認めさせ、問題解決に取り組む意欲を引き出しています。企業の組織改革の研究でも、自分の組織に問題があることを社員が認識しなければ、いくら解決策を説明したり強要したりしても、社員の行動が変わらないことが明らかになっています。ですから、初回の会合は、問題の存在(今回の場合は、ビギナー向け商品のPBを開発する必要性)をみんなに認識してもらうことが何より大事だったのです。

また、ネガティブな意見が出てくるのは不可避ですから、そのような意見をポジティブに言い換える**「リフレーミング」**※が有用です。たとえば「リスクがある」と指摘されたら、「リスクを最小化するためにご協力を!」と切り返したのがリフレーミングです。「モノは言いよう」ということですね。場の雰囲気をいかに自分たちにとっていい方向へと導くか、これも交渉の重要な要素なのです。

交渉2 出場選手のリストをつくろう

なんとかＰＢ開発の同意をとりつけた久地くんでしたが、次回以降どうすればいいのか、皆目見当がつきません。

ねぇ、これからどうしたらいいと思う?

おや? 前回の集まりでもうヒントが出ていたじゃないか。

え? ヒント? なになに?

まったく……経営企画①さんは「リスクの最小化」って役割を知って、やる気になってくれたよね? 反対に、総務課さんはＰＢ開発を了承するだけだったから、そこまでやる気は出なかった。

うん、たしかに。

だから、次にキミが考えないといけないのは、ＰＢ開発のために、「誰」の「何」の力が必要なのか、整理することさ。

「誰」の「何」の力が必要なのか、ねぇ……

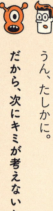

翌日、久地くんはデスクに座って、ＰＢの開発に必要な人材は誰か、自分なりに考えてみることにしました。「お客さんのニーズをいかに反映した商品ができるか」これがＰＢ開発のポイントになりそうです。コストをおさえて壊れない商品をつくるには品質管理や協力会社への発注ができる人が必要ですが、これは経営企画①さんが得意そうです。また、同業他社やネット通販の動向をふまえたブランドの打ち出し方については、経営企画②さんが適任のようです。総務課の人は、やはりＰＢ開発自体にはとくに参加してもらう必要はなさそうなので、時々状況を報告しておけばよさそうです。

　こんな感じで、プロジェクトを進めるために必要な知識を持った人たちをリストアップしてみました。

久地	とりまとめ役、販売現場への指示出し
バイト	販売現場、ビギナーのニーズを理解
経営企画①	品質管理、協力会社の選定・発注
経営企画②	他社との差別化、市場動向の把握
広報課（新）	ＰＲ・広告の売り出し

次回はこの人たちに集まってもらい、役割分担も明確にした上で、それぞれの部署の意

向を考慮しながら進めていけばよさそうです。社長が集めたメンバーとは違う構成になりますが、理由を説明したら社長も納得してくれました。

解説

「ステークホルダーは誰か」を決める

一対一の交渉であれば、交渉相手が誰かは自明です。モノを買いたいなら、売ってくれる人を探せばいいだけです。しかし、いろいろな人たちが同時に関わる交渉だと、そもそも誰を交渉に呼ぶ必要があるのか、交渉を呼びかける人が真剣に考える必要があります。もちろん、会社の役員会のように、誰が集まるかが自明の会議もありますが、今回のように、**何か新しいことをはじめようとするときには、本当に関与してもらわなければならない人たちに集まってもらうことが肝心**です。こういうときに、それぞれの組織の代表が集まる定例会議で解決しようとしても、関心がない人はムダな時間を浪費するだけですし、逆に、代表者ではないがゆえに有益な人物が参加できない可能性があります。

今回の会議、当初は社長が「若手にがんばってもらおう」ということで、各部署に声をかけて、人選をしてもらったようですが、そもそもすべての部署が関わらなければならない案件でもなさそうです。むしろ、PBの開発に必要なスキル、知識は何かを考えて、その人たちを集めるほうが効率がいいでしょう。

交渉学では、複雑な問題を解決するとき、関わってもらわなければならない人たちのことを**「ステークホルダー」**と呼びます。このステークホルダーが誰なのかを特定してから会議をはじめないと、非常に効率の悪い会議となります。筆者が専門の公共政策の分野では、とてつもなく多くの人たちが関係しますので、「ステークホルダー分析」という調査を数カ月かけて行うこともあります。

たとえば、プロ野球やJリーグなど、エンターテイメントとしてのスポーツでは、どのチームとどのチームがいつ戦うのか、その組み合わせを上手に設計することが、ファンの満足のためには必要不可欠です。いわゆる「マッチメイク」というものですが、合意形成でもマッチメイクが必要です。どういう人たちを呼んで、交渉の土俵で戦わせたら、いちばんいい解決策が見つかるのか（勝ち負けを決めるわけではないですが）、**その場づくりこそが合意形成のカギ**なのです。

交渉 3
事前に話し合いの「地図」をつくる

PB開発を進めるために、誰に来てもらうか、だいたいのメドがつきました。久地くんは新メンバーの広報課の先輩に、PB開発について説明しに向かいます。

P

PB開発をはじめることになったので、ぜひご協力いただきたいのですが。

広報課 うん。協力はいいんだけど、何をすればいいのかな？

まずは会議を開きますので、そちらへご参加いただければ。

広報課 会議はいいんだけど、いつまでに何を決めるの？

そこらへんにつきましても、会議でご相談できればと。

広報課 それじゃ協力できるかどうか、わかんないよ。本業があるわけだし。きみのプロジェクトに協力するのはやぶさかじゃないけど。

久地くんは、システム改修のときのように、とりあえず打ち合わせを続けていけば、おとしどころが見つかると思っていましたが、今回は様子が違うようです。アボットの助けでPBスタートへの総論賛成はできましたが、何かがまだ不足しているようです。「なんでみんなやる気がないんだろう」と思い悩んでいたそのとき……

それはキミの準備不足のせいさ。交渉では準備がダイジなんだってば。

え、準備も何も、まだ打ち合わせに誘っただけだよ?

その「打ち合わせ」って、具体的に何だい? 本業で忙しい中、よくわからないものに参加したくないのは自然じゃない?

だって、打ち合わせしないと、みんなと調整できないじゃないか。

じゃあ、いつまでに、何を決めるんだい?

うーん、来年度のはじめに販売開始だから、あと9カ月くらい。その期間だと主力商品2点くらいでスタートできればいいかな。

来年度のはじめまでに、何回会議が必要になりそうなんだい? それぞれの会議で何を決めるんだい?

そうだなー。初回は役割分担や商品展開を決めて、2回目はブランディングかな、3回目はプロトタイプの開発で、4回目はマーケティング、5回目は商品テスト、って感じかな。

ねぇ、それって全員集まる必要はないんじゃない？

そうかも。中身によっては詳しい人だけ集まればいいかも。

だんだん道筋が見えてきたね。いま考えたことを、見取り図にしてみなよ。それが話し合いの「地図」になるからさ。

久地くん、この見取り図を持って、広報課の先輩のところへ改めて説明に行ってみます。

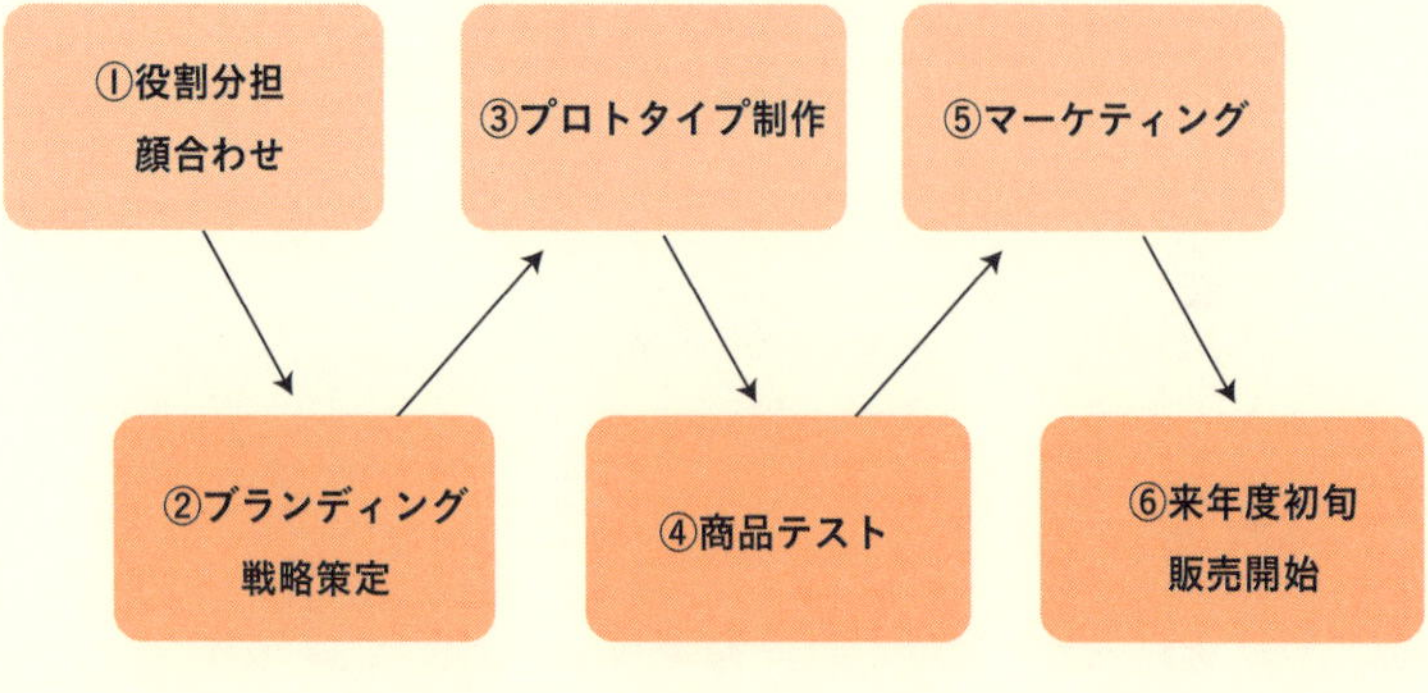

広報課 お、こういうことか。ブランディングとかマーケティングとか、課として手伝えそうなことも多いな。わかった、参加するよ！

ありがとうございます！

広報課 久地くんもずいぶん仕事ができるようになってきたなぁ！

解説

プロセスマップは必要不可欠

交渉の相手がひとり、一社しかいない場合には、適宜日程調整をして、打ち合わせで問題解決をしていけば、おとしどころが見つかることでしょう。しかし、いろいろな関係者に協力してもらわなければならない場合、そもそもみんなが参加できる日程を探すのも難しいですし、順序よく効率的に問題解決を進めていかないと、二度手間が生じたり、予定していた期限までにおとしどころが見つからない危険もあります。

関係者が多くて問題が複雑な場合には、**プロセスマップ**をつくっておくといいでしょう。前のページで久地くんがつくったように、最後のゴールに向かって何を達成していけばいいのか、問題をコマ切れにして、地図のように段階的に配置してみましょう。もしかすると全員が集まるのではなくて、横に並べて同時並行で作業を進めることができるかもしれません。こうして大きなゴールに向けて、チームで適切に役割分担しながら、歩きはじめるのです。探検だって、地図があるから歩きはじめられるのであって、「あの山に財宝があるらしい」からといって闇雲に山に分け入っても、途中で谷に落ちたり、川に行く手を阻まれたりして挫折するだけでしょう。

とはいえ、久地くんの予定通りにはプロジェクトが進まないかもしれません。協力会社が期限までにプロトタイプを出してこなかったり、想定していなかった課題が見つかったりすると、期限が遅れたり、新たな会議を設定しないといけなかったりするかもしれません。しかし、だからといって地図がなければ、どこに行くのかがあいまいすぎて、関係者の協力も得られないでしょう。まずは、**冒険の地図をつくることが、最終的なおとしどころに向けた旅のはじまり**なのです。

交渉4 困ったら、悩まずにとりあえず書き出そう

事前の準備で、「誰」に参加してもらって、「何」をどういう順番で議論すればいいのか、おおまかな地図ができました。PBプロジェクトは無事に再スタート。初回の顔合わせは無事終了し、参加メンバー全員から熱気が感じられました。

2回目の会議のテーマはPBのブランディング。PBの大きな方向性が決まるため、それぞれの意見がぶつかる会議となりました。

経営企画① やっぱりこれからは、信頼が大事だろうから、たとえ市場最安じゃなくても、信頼できるイメージを確立しないとね。

バイト いや、やっぱ安くないと誰も買ってくれませんよ。有名ブランドならまだしも、無名のPBなら、価格勝負じゃないですか？

経営企画② いちおう、ぼくはブランディングが専門なんだけど、「安いけれどタフで壊れない、いいとこ揃いのブランド」が必要だと思う。ウチには歴史がないから、それ以外のすべてを凌駕しないと。

経営企画① いや、やっぱり製品の質が高くないとブランドは確立できない

から、まずは質の確保が先なんじゃないか。

広報課　品揃えがある程度ないと、広報媒体でPBを前面に押し出すのは難しいですよ。うちはメーカーじゃないから、イメージを前面に打ち出した広告打ってもしょうがないんだよね。

経営企画① 　うーん、ブランドって何なんでしょうね……。
だから、やっぱり品質こそがブランドであって……。

こんな感じでメンバーが意見を言い続け、久地くんがふと時計を見ると、もう開始から40分も経っていました。ほかのメンバーも時計に気づきました。

経営企画① 　それでさ、今日は何を決めるんだっけ？
えーと、ブランドの方向性を決めたいのですが。

広報課 　これまでどんな意見が出てきたっけ？
えーと……品質とか、広報媒体とか、価格とか……。

経営企画②　もう少し整理してくれないかな。それがきみの役割でしょ？

にわかに雰囲気が悪くなってきましたが、ここでいつもの助け舟が来ます。

こんなことだろうと思った。私が言う通りにホワイトボードに書き出してみて。

久地くんはアボットの指示通り、ホワイトボードに出てきた意見をまとめていきます。

一同　おおお！

いままで出てきたご意見ですと、ブランドへの信頼、製品の信頼性、品質、価格、商品展開の幅、などが議論になっ

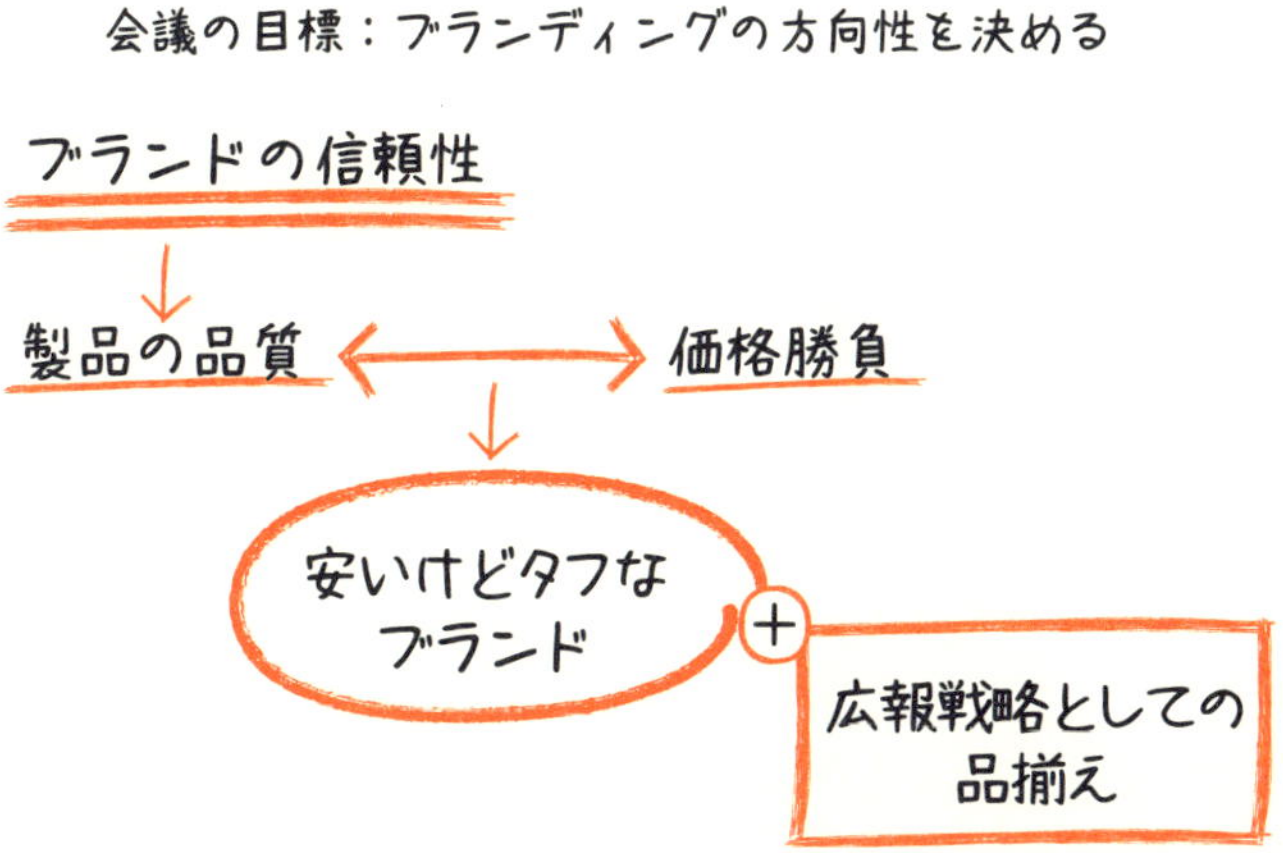

てきたかと思います。価格は抑えつつ、品質を確保することで信頼できるブランドを構築する、という方向性が見えてきたかと。

バイト　でも、お客さん目線で考えると、価格重視じゃないっすか？

経営企画①　いやいや、きみは売れればいいかもしれないけど、不良品のクレームに対応するのはウチなんだよ。安物の不良品は困るよ。

そのバランスが論点になりそうですね。記録しておきます。

経営企画②　そういえば、久地くん、よくみんなの意見覚えてたね！

え？　ああ、ちゃんとメモしてたんですよ！

解説

会議での記録の重要性

一対一ではない会議では、いろいろな人がいろいろな意見を出してくるので、議論が進むにつれて、誰が何を言ったのか、記憶が曖昧になってくるものです。どんなに頭がいい人でも、すべての意見を先入観なく記憶することは不可能です。むしろ、話し合いの上手な人は、出てきた意見を〝記憶〟ではなく〝記録〟しているものです。

手元のメモ帳に記録してもよいのですが、みんなに見えるように、**ホワイトボードや黒板、あるいは模造紙などに意見を記録**していくと、会議の最後のとりまとめの段階で、どんな意見が出てきたのか、全員で共有しながら整理することができます。今回はアボットが陰でコッソリ記録してくれていましたが、本来は、久地くんが意見を聞きながら、みんなに見えるようにホワイトボードに記録していくべきでした。

また、記録するときには、出てきた意見を殴り書きするのではなく、似たような意見を近い場所に書いたり、対立する意見は軸を設定して左右にずらして書いたり、**記録する場所も工夫する**とさらに効果が高まります。とはいえ、会議中に記録を上手にとるのは練習の積み重ねが必要です。慣れてない人はまず、出てきた意見をホワイトボードなどに書き残しておく癖をつけ、徐々に自分なりの工夫を凝らして、うまく表現できるように努力しましょう。

また、会議の記録をなるべくはやくメンバーに共有し、次回も持参するようにすれば「前回何を決めたんだっけ?」とムダな時間を過ごさないですみます。

交渉 5

おとしどころを事前に予想しておく

メーカーから複数のプロトタイプの提案があり、チームが集まって検討することになりました。前回の会議で、価格と信頼性のバランスがいい製品を狙うことが決まっていましたので、仕様を変えて、いくつかのパターンが提案されています。

仕様	A	B	C
価格	高い	中間	安い

デザイン	❶	❷	❸
タイプ	ポップ	中間	シック

メーカーさんからプロトタイプを複数案出していただきました。デザイン案も複数ありますが、みなさん、いかがでしょう。

経営企画① 仕様はAがいいかな。信頼性が高いっていうのがやっぱりポイントなんじゃないかな。あと、ビギナー向けなら子どもが喜びそうなデザインってことで❶かな。

バイト いや、Aだと価格設定高過ぎですよ。有名メーカーのエントリーモデルより高いじゃないすか。絶対買いませんよコレ。一番売り

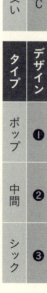

やすいのは間違いなくCです。とにかくこの手の商品は価格で決まりますから。デザインは❶も悪くないっすけど、子どもっぽいデザインなら海外産の超安物に価格で勝てないので、大学生くらいを狙って❷のほうがいいかなと思いますよ。

経営企画②　いや、❶も❷も安っぽい。ブランディングを考えたら、本格志向の❸でいくべきだろ。バイトくんの言う通り、チープな感じの商品なら、ネットでノーブランドの海外製品が激安で売ってるから、価格で勝てっこないよ。ターゲットとして子どもが入ってくるのはわかるけど、差別化しないと。ウチの市場は国内だから、❸を日本らしいデザインに改良したいね。

仕様はどうでしょう?

経営企画②　うーん、そうだなー。間をとってBでいいんじゃないかな。

バイト　Bでもちょっと価格が高いのが気になるんすよねー。やっぱりCでしょ。今回のメーカーさんなら十分信頼性あるし。

広報課　うちとしては商品展開を充実させたいんで、たとえばグレードを松・竹・梅の3種類展開するってどうでしょう。

あ、サイズ展開は可能なんですが、仕様については1種類に絞らないと生産できないってメーカーさんに言われてるんですよね。

こんな感じでそれぞれ、自分の意見を言うばかりで、なかなかおとしどころが見つかりません。1時間ほどああだこうだと意見を言い合ったあと、5分休憩をとることにしました。久地くんはあわててトイレの個室に駆け込んで、アボットの意見を聞きます。

ゼンゼン収拾つきそうにないねぇ。

みんなワガママばかり言って、どうしたらいいかわかんないよ。

でも、だいたい、みんなの要望はわかってきたよね。

まぁね、バイトくんは価格重視だし、経営企画①さんは不良品回避優先だし、経営企画②さんはブランドイメージをつくりたいみたいだね。それなのに、デザインとかにもみんなが口を出すから、こんがらがってきちゃうんだよ。

それはキミが全員に意見を聞いてばかりだからさ。そのせいでおとしどころが見つからないんだよ。

でも、みんな納得してないとまずいんじゃない?

だから、バイトくんは価格重視、経営企画①さんは信頼性優先だから、間をとって仕様はB、デザインは経営企画②さんの意見を優先して、❸にすればいいじゃないか。

それじゃあ、みんな納得しないんじゃない?

いいや、価格も信頼性もバランスをとらないことには前に進まないのはみんなわかってるから、どこかで妥協するはずさ。デザインは経営企画②さんしかコダワリなさそうだから、彼の意見を採用すれば前に進むはずだよ。

なるほど……試してみるよ!

いろいろ考えてみたんですが、バイトくん、Cだと経営企画①さんが納得できる信頼性がなさそうだから、Bでどうかな。

バイト うーん、最安値の安物と差別化できれば、まぁなんとか。

では、デザインは経営企画②さんのいうように、差別化のための❸がいいかなと思います。

経営企画① でもエントリーモデルだから子ども向けなんじゃないかな。そうすると差別化できずに価格勝負になるので、品質もかなり妥協しないといけなくなってしまうんですよ。

経営企画① 確かに、不良品が多いと話にならないから、しょうがないか。ですよね。なのでB案がいいかなと思うんです。Aだとさすがに販売現場が困ってしまうようなので。もちろん、メーカーには初期ロットの検品を厳重にやるように強くお願いしておきます。

解説

それぞれのメンバーの「最優先は何か」把握する

今回の交渉は、第1章で扱った有休取得の**「利害」**に基づく交渉の応用編です。議論の参加者はそれぞれ、信頼性、価格、デザインについて自分の意見を言っていますが、実はそれぞれがもっとも関心がある論点は異なります。バイトくんは価格、経営企画①さんは信頼性、経営企画②さんはブランドイメージ確立です。ですから、それぞれの意見のうち、いちばん重視している論点に着目して組み合わせれば、理想ではないかもしれませんが、納得しうるおとしどころが見つかる可能性があります。価格と信頼性はトレードオフがあるので、間をとらざるをえません。デザインは経営企画②さんしか強い関心がないので、彼の意見を採用すればいいのです。

多数の人が関わる交渉では、**「それぞれが重視する利害（論点）が何か」**を事前に認識しておくことが、おとしどころを探す上で重要です。さもなくば、いろいろな論点についていろいろな意見が出てきて、収拾がつかなくなります。ですから会議を主催する人はとくに、参加者の利害を見据えて、おとしどころを事前にいくつか想定しておきましょう。実は、参加者を特定した時点でそれぞれの利害は見えているはずですから、会議をはじめる時点でおとしどころはある程度見えているのが理想です。会議の仕切りが上手な人は、実はおとしどころを考えながら、呼ぶ人を取捨選択していたりするものなのです。

交渉6 事実に基づく話をしよう

プロトタイプの検討も順調に進み、低価格路線でありつつも最安値は狙わず、量販店としてのブランドイメージを損なわないよう、基本的なところはしっかりと抑えた商品をメーカーと一緒になって開発してきました。チームのメンバーも、おおむね納得できる商品ラインアップができたようで、テンションが上がってきています。年度末も近く、そろそろ市販に向けて、マーケティングの戦略を練る時期がやってきました。

そこでチームの全体会議が開かれました。

みなさんのおかげで、やっとPB商品のラインアップが出揃いました。販売担当としても、ビギナーのお客さまに自信を持っておすすめできる商品ができたと思います。最後にマーケティング戦略を考えたいのですが、広報課の方、いかがでしょうか。

広報課　ちょうどいい感じのラインアップですね。これならウェブや広告で前面に打ち出せると思いますよ。

経営企画②　いまの時代、バイラル（口コミ）でいい評判が拡散してなんぼだから、著名人にテストしてもらって、ネットや雑誌でＰＲ記事をバラ撒かないといけないんじゃない？

バイト いやいやステマなんて見抜かれますよ。無料で常連さんに配って、いいところ悪いところ、ブログとかに書いてもらいましょう。

経営企画② 個人ブログなんてインフルエンサーでもなけりゃ影響力ないって、マーケティングの世界では常識なんだけどね。

バイト でもステマって炎上するじゃないですか。この前だって、大手メーカーが芸人にカネ払ってブログに掲載させたのがバレたばかりじゃないすか。

経営企画② きみはマーケティングについて何もわかってない。どこのメーカーだってインフルエンサーにいろいろお願いしてんだよ。

バイト ウチの会社でそういうことしたらカッコ悪くないっすか？

 ちょ、ちょっと、ふたりとも待ってください。

経営企画② だってこいつ、何も知らないくせにいかにも偉そうだからさぁ。

バイト 売り場に立ってない人に言われたくないですねぇ。

うわぁぁぁ。どうしよう？

これはまずいね。とりあえず、もめてることについてデータとか具体的な話がないか聞いてごらん。

と、とりあえず先ほどの件、整理させてください。著名人にテストしてもらう件ですが、必要経費はおいくら程度ですか？ また売上にどの程度貢献するのか、数字などお持ちでしょうか？

経営企画② 雑誌やウェブとのタイアップになるから、諸経費込みで最低1記事50万円くらいかな。売上への貢献の数字は持ってないなぁ。

広報課 正直、定量的な効果はピンキリですね。ただ、PBブランドをゼロからスタートするなら大量出稿は必要でしょう。認知度向上のために媒体に記事を載せてもらうのは悪くないと思いますよ。

バイト でもステマで炎上するんじゃないすか？

ステマのリスクはわかるけど、炎上した事例では具体的に何がどう問題だったのか、説明してくれるかな？

バイト　ええ。裏ガネ渡して、特定の商品をブログとかで推してもらうんすよ。いくらなんでもダメっすよフツー。

経営企画①　そもそもステマはいま、景品表示法で違法のはずでしょ。タイアップするにせよ、うちはメーカーと違って経験ないから、顧問弁護士さんと相談して進めないといけないよな。「PR記事」とか隅っこに書かないといけないかもしれないし。

では、タイアップ記事の合法性については弁護士さんと相談して確認する必要がありそうですね。また経費ですが、広報課さん、いくつかの媒体から見積もりとって検討していただけますか？

こうして1カ月後には無事、PB商品がリリースされることになりました。低価格でありながらも信頼できる品質が担保されているということで、メディアでも好意的にとりあげられています。販売データでも、従来のノーブランド品や、メーカー品のエントリーモデルを置き換える主力商品となる兆しを見せています。

システム導入に続き、社内の重要プロジェクトを次々と成功させたので、久地くんは若いのに近々昇格するんじゃないか……なんて噂もあるようです。

解説

合意形成に「個人の思い込み」は必要ない

いろいろな人たちがかかわる打ち合わせでは、テーマについて必ずしも詳しくない人が、思ったことを口にしてしまう場面がたまに見られます。また逆に、自分の専門だからといって得意げになって、他の人たちの発言を遮ったり、見下したような態度を取る人もいたりします。複雑な問題を解決するための打ち合わせでは、経験に裏づけされた専門知識ほど貴重なものはありません。個人の思い込みや、つまみ食いの限られた知識に基づいて重要な経営判断をしてしまっては、組織の存続すら危ぶまれる事態になりかねません。

今回のストーリーは、わかりにくかったかもしれませんが、そのような**「低質の情報」**に関するモメゴトが発端でした。バイトくんは、聞きかじりの「ステマ」に関する知識をもとに、著名人を使ったマーケティングに反対します。他方、経営企画課②さんは、マーケティングは自分が専門家だという自負から、「業界の常識」などを繰り出し、バイトくんの発言を否定します。しかしよく聞いてみると、タイアップの経費や効果について具体的なデータを持っているわけでもなさそうです。またステマの懸念についても、バイトくんは法律のことは何も知らず、専門的な知識を持っているわけでもなさそうです。

ですから、問題解決のための打ち合わせでは、**個人の思い込みをできるだけ排除する**必要があります。そのためには、**具体的なデータや根拠を意識的に確認する**ことが大切です。また今回、弁護士さんのアドバイスをお願いすることになったように、外部の本物の専門家の協力を仰ぐことも重要です。もちろん「そんなのギョーカイのジョーシキだ」と根拠を示さずマウンティングしてくる社員もいるでしょうが、そういう態度をとる人は基本的に信頼できないし、できれば最初からチームのメンバーから外しておいたほうがいいでしょう。

第3章　まとめ

1. 何かのプロジェクトをはじめるときには、まず初回に「誰も否定できない目的」をみんなに認識してもらう。もしネガティブな意見が出てきたら、「リフレーミング」でポジティブに言い換えよう。

2. プロジェクトメンバーの選定では、役割分担が重要。この関係者を「ステークホルダー」という。メンバーを集める場づくりから、すでに交渉ははじまっている。

3. 複数人で打ち合わせを重ねるときには、話し合いの「地図」であるプロセスマップが必要不可欠。そのときどきで何を決めるかが明確になれば、集めるメンバーの削減や時間の節約につながる。

4. 大人数の会議では、誰が何を言ったかホワイトボードなどに記録しておこう。記録は会議の後にメンバーに共有して次回に持ちよると、話し合いの効率化につながる。

5. 複数人で何かを決めるときは、それぞれのメンバーがもっとも重視する論点（利害）を把握して、事前におとしどころを予測しておこう。

6. 合意形成の場では、個人の思い込みなどの「低質な情報」を排除して、専門知識や具体的な数字などを重視すべき。

おとしどころコラム①

交渉上手になるには？

いまの日本の教育には「交渉」を実践するようなカリキュラムは、ほとんどありません。たとえば、コミュニケーション能力を高めるための研修などは交渉にも有効ですし、ミクロ経済学なども、交渉の分析にとても役立ちます。しかし、「交渉」そのものに特化した教育の機会は、残念ながらきわめて限られているのが現状です。

米国の大学院には交渉に関する講義がたくさんあります。私も20年以上前にハーバード大学のロースクールで交渉の講義を受けたのがきっかけで、いまこのような本を書いています。ハーバードでどのような交渉の講義が行われているかというと、1学期の半分は座学で、この本で扱っているBATNAなどの概念を叩き込まれます。残りの半分は模擬交渉の演習で、クラスメイトとグループになって、割り振られた役（たとえば売り手と買い手）になりきって、交渉の練習をします。私も現在、このような講義を明治大学や東京大学の専門職大学院で行っています。

しかし、講義や研修を受講するだけでは、交渉力が高まることはありません。交渉というのは、クルマの運転に似ています。大半のドライバーは自動車学校に行って免許を取得するわけですが、その時点でのドライバーとしての能力はかなり未熟ですよね。若葉マークをつけて、おっかなびっくり運転して、ときには車体の側面を壁にこすって凹んだりして、徐々に運転能力を高めていくのです。

読者のみなさんも、この本を読んでいただくことで交渉の基本的な考え方はご理解いただけたことでしょう。いわば交渉の免許をとったようなものですね。ここで肝心なのは、この本で学んだ内容を日常生活で意識的に使っていただくことです。せっかく免許があるのだから、使わなければ損です（クルマと違って、交渉にはお金はかからないことですし）。失敗して当たり前、まずは実践してみましょう。そこから、交渉上手への第一歩がはじまります。

まずは、これまで何とも思っていなかった日常の話し合いを、「交渉」だと意識してみてください。そして、「自分と相手の利害は何だろう?」「BATNAは何だろう?」と常に考えるクセをつけましょう。

先日、以前の教え子と会ったとき、「BATNAを意識するようになってから、上司にムチャぶりされても腹が立たなくなった」と言われました。

彼のように、日常に交渉の視点を持ち込めば、みなさんの毎日もきっと変わっていくはずです。まずは意識して、実践してみてください。

第2部

プライベート交渉

第4章

すべての話し合いは交渉である

恋人との旅行計画交渉

交渉 0

場所も日程も決まらない！

0

S社との交渉からすこし経ったある日、久地くんは恋人の河合さんと食事をしていました。河合さんとは仕事関係のイベントで知り合って、付き合ってまだ1年も経ちませんが、相性はいいようです。ただ、久地くんの仕事の関係で、なかなか一緒に過ごせないのが河合さんのストレスになっているようです。この間も久地くんがディナーの約束をすっぽかしてしまい、半ば強制的に旅行に出かけることになりました。

しかし、そろそろ夏休みなので、タイミング的にはバッチリです。久地くんの会社では、みんなで調整して、誰でも1週間ほどの休みをとれるようになっています。最初は気後れしていた久地くんも、ふたりで出かけるはじめての旅行なので乗り気になってきました。

久しぶりに河合さんと外食する機会があったので、話をふってみます。

 あのさ、こないだ話してた旅行の件なんだけど、どこ行きたいかってもう決まってるの？

河合 あ！ よく覚えてたね！ わたし、行ってみたいビーチがあるんだ！ タイにあるんだけど、けっこう秘境で、ボートでしか行けない小さなビーチなの！

 ヒ、秘境って。そんなところに興味があったんだ……。

河合 秘境っていっても遠いってだけで、大きなリゾートホテルがあってね、水が透明で、ダイビングには最高らしいよ！

 あれ、河合ちゃん、ダイビングなんてやってたっけ？

河合 やったことないけど、やってみたかったんだよねー！

 そうかー……。

河合 ……なんか不満？

 いや……ボクはどっちかといえば、国内を考えてたから。

河合 そうなの？ せっかくだし、海外行きたくない？

恋人との旅行計画交渉

まぁ、そうなんだけど……。北海道をドライブしながら回るとか、そういうの考えてたんだよね。

河合 ふーん。まぁそれでもいいけど。

えっ……興味ない？

河合 ドライブが嫌いなわけじゃないけど、ずっとクルマに乗ってると、運転してばっかじゃん。毎日動き回ってたら疲れそう。

まぁそうかもしれないけど、いろんなところ見てまわった方が楽しくない？

河合 ふーん……

なんだか気まずい雰囲気が漂いはじめました。これまでは、一緒にいられる時間が限られたので、どこに遊びに行くか、お互いの意見がすれ違うことはあまりなかったのですが、今回は夏休みの旅行だけあって、選択肢が多すぎます。そのなかで、ふたりはお互いに納得できるおとしどころを見つけられるのでしょうか？

交渉1

「取り返しのつかない一言」には要注意！

夏休みの旅行先がなかなか決められない久地くんと河合さん。悩むのが面倒になってきた久地くんは、相手に合わせようとします。

そんなにタイの秘境がいいなら、タイでもいいかなぁ。

河合　いや、そんな無理に行きたいわけじゃないから、北海道でいいよ。

いや、タイのビーチも悪くはないよね。

河合　悪くはない、ってそんな気持ちだったら、私、北海道でぜんぜん、いいんだよ。うん、北海道のドライブにしようよ。

じゃあ……北海道にしよっか。日程は、8月の第3週はどう？

河合　私、その時期にまとめて休みとるの、けっこう難しそう。そのころって、わたしが担当してる海水浴関係の商品がまとまって売れる時期なのよ。クレームが入ることもあるし、売り上げのデータとか整理しないといけないのよね。

そうかー。じゃあ、前後の週とかってどうかな？

河合　うーん、8月中は休みとりづらいんだよなー、ウチの会社。9月になれば余裕なんだけどねー。

え！ そうなの！ ウチは基本8月中に夏休みをとることになってるんだよね……。

河合　でもわたし、北海道でいいって妥協したんだから、時期は9月にしてくれない？

妥協って……いや、タイのビーチでもいいんだよ、ボクは。

河合　そんなだったら、そもそも旅行行かなくてもいいんじゃない？

まぁ、たしかにちょっと面倒かもしれないけどさ……。

河合　やっぱり面倒くさいんだね、こうやって私と話してるのも。

いやいや、そういうことじゃなくってさ……。

かなり気まずい雰囲気になってきました。このままでは旅行中止どころか、別れ話になってしまうかもしれません。と、そのとき……

ビビビビビビビビ!!!

うわぁっ！

河合 ど、どうしたの⁉ 大丈夫⁉

ごめん、飲みすぎで頭が痛くて……ちょっとトイレに行ってくるね。

慌ててトイレの個室に駆け込むと、アボットが声をかけてきました。

やぁ、またまたお困りのようだね。

まぁね……ワケわかんないよ、ほんと。

まぁまぁ落ち着きなよ。べつに別れたいわけじゃないでしょ？

まぁ、さすがにそこまでは思ってないけどさ……。

じゃあ、落ち着いて再交渉しよう！

交渉？ でも、仕事じゃないんだよ？ 彼女と交渉するの？

そうさ。はじめて会ったときにも言ったけどね、ビジネス、プライベート関係なく、話し合いはすべて交渉なのさ！ いまは旅行計画を決めたいんだろう？ 要はお互いが納得できるおとしどころを探すこと、立派な交渉だよ。感情的になったら負け。ブチョーさんと交渉したときみたいに、冷静に解決策を探るんだ。

アボットの説得を受け、久地くんは河合さんが待っているテーブルに向かいます。

いやー、ゴメンゴメン。急にお腹がいたくなっちゃって。

河合

大丈夫？ っていうか、頭が痛いんじゃなかったっけ？

いや、ちょっとお腹に来ちゃったみたいで……でさ、さっきはごめん。行き先とか日程とか、落ち着いて考えなおしてみない？

河合

8月第3週に北海道ドライブ、っていうんでしょ。

いや、旅行の目的は北海道に行くことじゃなくて、河合さんと一緒に楽しく旅行することだからさ。場所と時間をできるだけ調整して、一緒に楽しい夏休みにしない？

河合 ……そうよね。こんなことでケンカしてもしょうがないわね。もう一回考え直してみようか。

解説

毎日は交渉の連続

今回から、ビジネスシーンではなく、プライベートでの交渉を扱います。プライベートで「交渉」なんていうと、離婚で親権争いとか、遺産分割で親族の訴訟とか、そういうイメージがあるかもしれません。しかし、じつはわたしたちの日常生活の多くの場面で、おとしどころを見つけるための交渉が行われています。

久地くんと河合さんの「夏休み旅行」の計画を立てるのも、まさにそんな交渉のひとつです。どこにいつごろ行くのか、ふたりにとって最高の計画こそが理想のおとしどころです。では、どうやってそれを見つけるのかといえば、**ビジネス交渉とまったく同じ方法が使える**のです。

はじめは行きたいところや時期がズレていたため、険悪なムードになってしまいましたが、そういうスレ違いが100%存在しないカップルなんて、この世に存在しないんじゃないでしょうか。そこで感情的になってしまうと、カッとなって発した一言からエスカレートし、人間関係が崩壊していくかもしれません。今回は「やっぱり旅行はやめよう」「もう別れよう」などがそれにあたるでしょう。とはいえ、相手に妥協ばかりしていると、不満がたまっていつか爆発する危険もあります。**ビジネス交渉と同じく、お互いの意見の違いをポジティブに乗り越え、「一緒に過ごしたい」という共通の目標に向かって問題を解いていく**姿勢が、持続可能な人間関係を維持する基本なのです。

交渉 2

「どこに」ではなく、「なぜ」を考えよう

さて、久地くんと河合さんの「交渉」がはじまりました。ふたりとも納得できる行き先を見つけたいものです。いっしょにスマホで旅行先を探します。

北海道にこだわりはないんだけど、九州もいいかもね。四国も悪くなさそうだね。

河合　そうねー。海もキレイだし。あ、沖縄の情報ちょっと見せて。

　沖縄？ ぅん、いいよ。

河合　あっ、このリゾート行ってみたいかも。ほらほら。部屋も広くてキレイだし、全室オーシャンビューだって。

　うん、まぁ悪くないんじゃないかな。

河合　とりあえず案として、おさえとこうよ。そういえば、海外旅行のページも見てみようよ。国内ばっか見てるけど。

　海外かー。

河合　やっぱり乗り気じゃない？

　できれば国内がいいかな……。さっきの九州一周ドライブってすごいよさそうじゃない？ いろんなラーメン食べられるよ！

河合　でも、いちおう海外の情報も見させてくれる？

　まぁ、いいけど……。

河合　ほら、ハワイもいい感じじゃない？ ワイキキは人が多いから、

ノースショアとかでのんびり過ごしてみたいなー。

さすがに夏休みのハワイはホテル高いんじゃない？

河合 確かにそうね。沖縄くらいにしといたほうがいいかな。

でも、沖縄も九州も似たようなもんじゃん。九州にしとかない？

河合 えー。でも海外あきらめたの私なんだもん。今度は久地くんが譲って、沖縄にしてくれてもいいんじゃない？

う〜ん。でも、なんか沖縄って違うんだよなぁ。

別れ話になりそうな雰囲気からせっかく持ち直したのに、また気まずい空気になってきました。河合さんも黙ってしまい、うつむきがちにスマホを眺めています。久地くんは「ふたりが納得できる旅行先なんて存在しないんじゃないだろうか」とあきらめ気分です。とりあえずアボットに相談すべく、頭の中で呼びかけてみます。

おーい、アボット。答えが見つかんないよ、どうすればいい？

ビジネスの交渉のときにちゃんと教えたつもりだったんだけど、

フクシューが必要なようだね。

何か習ったっけ？

モメてるときはまず、「なぜ」そんな意見が出てくるか、つまり「利害」を確認するんだよ。

そうだったっけ？

バカモノ！ 交渉の基本は、要求の背後にある利害を確認すること。カワイちゃんがなぜ沖縄に行きたいのか、理由を聞いてみなよ。キミもなぜ九州がいいのか考えて、そこから答えを探すんだ。

部長やＯＳ社との交渉を徐々に思い出してきた久地くん。思い切って河合さんに聞いてみます。

あのさ、河合さんが沖縄を推す理由、ちょっと聞かせてよ。

河合　だって、海すごいキレイじゃん。

九州の海もキレイだと思うけどなー。

河合　あと、やっぱホテルかな。リゾートでノンビリしたい！　いくら寝坊してもいいし、一日何もしないで過ごせるといいよねー。

九州にもそういうリゾートあるんじゃないかなー。

河合　ていうか、久地くんこそ、なんで九州にこだわるの？

あ、ボクの理由も説明しないと。ボクはドライブして、いろんなところに行きたいし、いろいろなご当地グルメも食べてみたい。

河合　リゾートでゆっくりしたくないってこと？

そんなことないよ。でもずっと同じホテルだと飽きない？　じつはそこまでよくないホテルだったらいやだし。

河合　まぁそうよね。結局、海がキレイで、リゾートホテルに連泊できて、ドライブでいろんなところもまわれて、景色とか食べ物を満喫できればいいってことかもね。

そうそう、まとまったね！　そういう条件に合う理想の旅行先を探せばいいんだよ。ちょっと調べてみよう！

解説

プライベートこそ「立場」と「利害」を意識しよう

プライベートの交渉では、特定の場所、時間、モノなどの希望が食い違って、深刻な対立に陥ってしまうことが多々あります。まったく同じ趣味嗜好の人と一緒なら問題ないのかもしれませんが、現実にはそうもいきません。むしろ、そのズレを有効活用できないから、納得できるおとしどころを見つけられず、感情的な対立が深刻化するのでしょう。

今回も、九州と沖縄という要望がぶつかって険悪な雰囲気になりました。第1章の復習になりますが、こういう表面的な要望を何と呼ぶか、覚えているでしょうか？　正解は、**「立場」**です。お互い自分の立場を曲げなければ、一緒に旅行に行くことはできません。**この場合の問題解決のコツは、背後にある理由を探ること**です。さて、これを何と呼ぶか、覚えているでしょうか？　正解は、**「利害」**です。河合さんは海が見えるリゾートでノンビリしたいようです。久地くんはドライブしていろいろな場所と食べ物を楽しみたいようです。これがふたりの利害ですね。難しそうではありますが、これらの条件をすべて満足させてくれる旅行先が見つかれば、ふたりとも納得できるでしょう。

世の中のモメゴトの多くが、立場の食い違いから始まります。それがエスカレートして感情的になり、交渉さえできないほど仲が悪くなってしまうこともあります。ですから、**交渉上手な人は、立場の争いになりそうなとき、はやい段階で「なぜ」を探り、利害に基づく問題解決へと移行させる**のです。

交渉3 「やりたいことランキング」をつくる

沖縄か九州かで争っていた久地くんと河合さん。主張の背後にある理由が見えてきて、場所で争うのではなく、ふたりのやりたいことを実現できる場所をいっしょに探すことにしました。ドライブもしたいし、リゾートでノンビリもしたい、というのがふたりの希望です。しかし、理想を完璧に実現できる観光地など、そう簡単に見つかるはずもありません。何かいいところが見つかったらお互いに連絡することにして、解散しました。帰宅後、久地くんがアボットにグチをこぼしています。

あのさ、利害を意識するのはよかったんだけど、お互いにとって理想の行き先なんて、ぜんぜん見つからなかったよ。お金と時間がいくらでもあれば、話は別だろうけどさ。

まぁまぁ、ふたりで根気よく探せばいいじゃないか。

でも結局、旅行先が見つからないと意味ないじゃないか。

なら、利害の優先順位をつけるんだ。まず、キミの利害は何？

えーと、

◉いくつかの場所をまわる
◉ドライブする
◉地元グルメを食べる
◉清潔なホテルに泊まる
◉お金はかけない

……まぁこんなところかな。

じゃあ、その項目をやりたい順にランキングにしてごらん。

え、難しいなぁ。ぜんぶ通したいんだけど……。

そんなワガママ言ってたら、そもそもカワイちゃんと旅行行けなくなっちゃうよ。

う〜ん、そうかも……そうだな、じつはドライブが最優先かな。久しぶりにクルマ乗りたいんだよね。

ヨシヨシ。じゃあ、いろんな場所をまわらなくてもいいんだね。

うん。まぁどちらかといえば、運転することが目的かもなぁ。

なるほどね。じゃあ、次の話し合いには付箋紙を持っていきなよ。

付箋紙？ なんで？

数日後、久地くんと河合さんは一緒にランチすることになりました。アボットに言われた通り、付箋紙をカバンにしのびこませ、アボットのアドバイス通りに交渉してみます。

どこかいいところ、見つかった？

河合　うーん……いろいろ探してるんだけど、なかなかねぇ……。

じゃあさ、今回の旅行で何がしたいか、いったん整理しない？

河合 それはいい考えかも。でも、どうやるの？

ここに付箋紙があるから、1枚に1項目、旅行でやりたいことぜんぶ書き出してみよう！

河合 わかった！ やってみる！

ふたりは注文した料理が届くまで、黙々と付箋紙に書き込みます。

それで、付箋紙を一番やりたいことから順番に、ランキングで並べ替えてほしいんだよね。

河合 うわー、難しい。でも、一緒にたのしく過ごすことが1位だなぁ。

だよね！ それはボクも1位！ で、2位はどうする？

河合 そうだなー。やっぱりリゾートホテルに連泊は外せないかなー。

いいよいいよ。じゃあ、お互いのトップ3を出し合ってみようか。

こうして、テーブルの上に、「やりたいことトップ3リスト」ができました。

河合 これなら、なんとか計画立てられそう！

うん、この5つを組み込んだ計画、考えてみようか！

河合 なんだか楽しくなってきた！

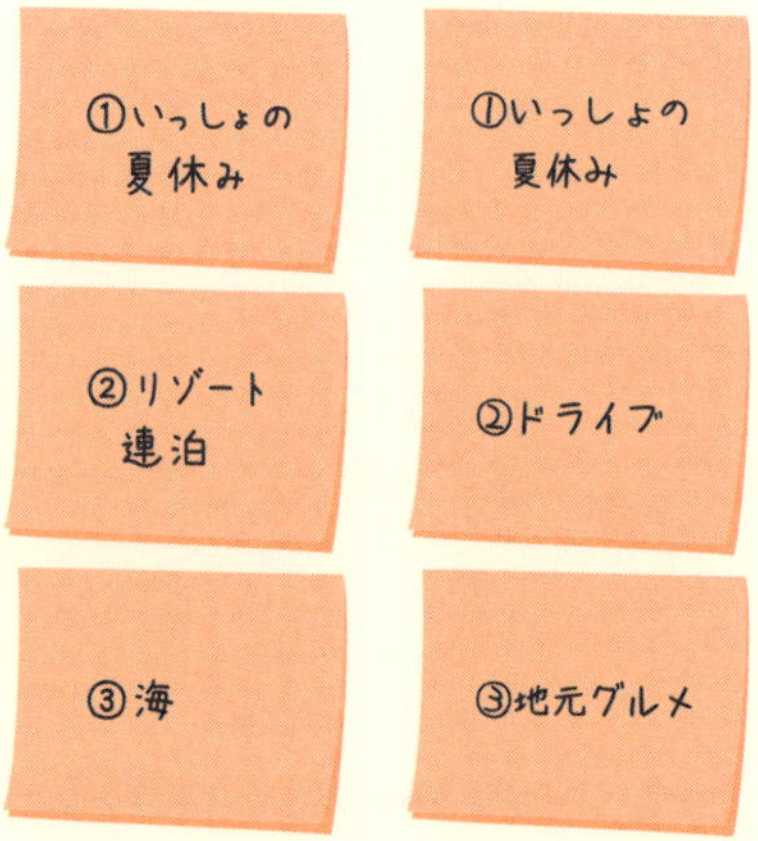

解説

利害が多すぎるときには、優先順位をつける

すべての利害に焦点を当てた交渉が理想ですが、人間の利害は複雑で、数も多く、すべてを同時に満足させるのは不可能な場合もあります。現実の交渉では、

自分と相手、それぞれの「重要な」利害に着目して、そのズレを利用します。

今回、久地くんも河合さんも、自分のやりたいことはたくさんあります。それらをすべて通そうとしたら、別々に旅行せざるをえません。しかしそれでは、本来の目標である「一緒に夏休みを過ごす」が実現せず、本末転倒です。そこで、付箋紙をつかって、お互いのやりたいことトップ3を整理することで、具体的な計画が立てやすくなりました。

プライベートで利害のズレが存在することを認めると、「仲が悪い」ように思われるかもしれませんが、じつはそんなことはなくて、**そのズレを認め合ってスマートに利用できる関係こそ、ほんとうに持続可能な「仲がいい」関係**なのです。

交渉 4

最悪のケースを考える

久地くんと河合さん、それぞれが今回の旅行で優先してやりたいことが明確になったので、あとはそれを実現する計画を具体化するだけです。ふたりとも情報を集めて、いくつか案を持ちよりました。旅行先は河合さんの希望を叶えるために沖縄に決まり、久地くんも沖縄本島のドライブと、離島の珍しい食べ物が楽しめそうです。しかし、ここで問題が発生しました。リゾートホテルに泊まること自体は合意できているのですが、どのくらい高級なところに泊まるかで、意見が割れてしまったのです。

河合 せっかく行くんだから、この最高級のリゾートに泊まろうよ。

 ええ、一泊ひとり3万円っていくらなんでも高くない？ 連泊するなら、なおさらもったいないと思うよ。

河合 でもさ、ここ、部屋数すっごい少なくて、部屋もすっごい広いし、海が見えるプール、ほらこんなにキレイなんだよ。

 うーん、やっぱ3万円はなぁ。

河合 それじゃ私が余計にお金出すからさー。

 いや、お金がないわけじゃないんだよ。もったいないと思えてさ。

河合 最初から最後までここにいるわけじゃなくて、2泊だけなんだし。他のところは少しグレードダウンしてもいいからさー。

 いや、一泊3万円っていうのが、なんか納得いかなくて……。

河合　確かに高いけどさぁ、たまには贅沢したいじゃん。

うーん……。

河合　そんなにいやなら、やっぱり私ひとりで行こうかな。

えっ……。あ、ごめん、トイレ行ってくる。

気まずい雰囲気になったら、とりあえずトイレに逃げこむのが久地くんのクセになってしまいました……。いつものように、個室でアボットを呼び出します。

どうしよう……河合さんがまたワガママ言い出したよ……

ふむ、それはワガママじゃないよ。カワイちゃんの利害は「贅沢すること」なんだから。

それにしても3万円って高くない？

キミはこの値段に納得いってないいんだね？

そりゃそうさ。だって高過ぎない？　女子ってなんでこんなムダなものにお金つかいたがるのだろうか……。

言っておくけどね、ムダかどうかはキミが決めることじゃないよ。そもそも、一緒に夏休みを過ごすことが目的だよね。彼女の利害を満足させるには、そこに泊まるしかないんじゃない？

でも、このホテルにこだわるのって「立場」でしょ？ 利害に着目すれば解決するんじゃないの？

似たリゾートでもっと安いところがあればいいけど、キミたちが調べたとおり、存在しない。あきらめるしかないだろうね。

えぇー？

そもそも、ここで妥協しなかったら、カワイちゃん、キミと旅行するの中止するかもしれないよ。あと、キミのふがいなさに失望して、別れ話に発展する可能性だってある。

そこまで……なんか試されてる気分になってきた……。

そうだよ。これは交渉。交渉決裂の代替案も考えておけって、OS社との交渉で学んだだろう？

え、代替案って……他に恋人つくるってこと？

そういうこと。とりあえず、「別れる」というBATNAと比較して、今回高級リゾートに泊まることが妥当か、判断するのさ。

う〜ん、河合さんがひどい浪費家だったら別れてもいいけど、今回だけ特別みたいだし、まぁ、泊まってもいいかなぁ。

気持ちの整理がついた久地くん、テーブルに戻り、明るい顔で河合さんに話しかけます。

待たせちゃってゴメンねー。いや、いろいろ考えたんだけど、そのリゾートに2泊でいいと思う。せっかくだから贅沢するのもいいかもな、って思えてきてさ。優柔不断でごめんね。

河合　ありがとー！　ね、ここ、いい感じだよねー。はやく予約しよっか。

うん、そうだね。でも、他の宿泊先は少し節約しないとね。

河合　もちろん！　私だってそんなお金ないよ。ただ、久地くんとのはじめての旅行だから、特別なところに泊まりたくって。

あっ、そういうことか！　うん！　たしかに特別だね。

解説

BATNAはあくまで「判断基準」

ビジネス交渉の場合、代替案を持っていなければ相手に足下を見られて、かなり悪い条件でも引き受けなければならない状況に追い込まれます（63ページ参照）。交渉をはじめる前に、代替案をよく調べて、いちばんよさそうな代替案をBATNAとしてチェックしておくことで、無理難題を押し付けられる危険が減りますし、逆に相手に強い要求ができるようになります。

しかしプライベートの場合、代替案を考えること自体がいけないことのように思われます。確かに、付き合っている相手がいるのに、他のパートナー候補とつねに比較している人なんて、いくらなんでもヒドい気がします。とはいえ、おとしどころが見つからないとき、交渉が「決裂」したらどうなるでしょうか？ **BATNAと比較することで、自分を納得させることができる**かもしれません。

今回、久地くんは一泊3万円という金額に納得ができませんでした。しかし、同意しないことで河合さんがどのような反応を示すか、その結果自分がどのような状況に陥るのかを考えてみると、3万円を払ったほうが得策だという判断ができました。「なんとなく納得できない」というだけでは、事実情報に基づか

ない感情的な判断に陥ってしまいます。あえてプライベートでもBATNAを想定することで、刹那的な判断を回避することができるのです。

交渉5 なんでも相手に合わせることが正解とは限らない

日程調整もなんとかうまくいき、久地くんと河合さんの沖縄旅行の計画が固まってきました。航空券やホテルの予約も済んで、あとは滞在中のアクティビティを考えるだけです。いつものお店で相談がはじまりました。

何かいいの見つかった？

河合 やっぱり体験ダイビングとかどうかなーと思って！

ダイビング!?

河合 せっかくの沖縄だし、海の中を見ないとか、ありえないからね！

まぁ……確かにそうかもね……。

前回、一泊3万円のリゾートに宿泊することを承知した久地くんは、今回の旅行は河合さんのペースに合わせるつもりのようです。しかし……じつは久地くんは泳ぎが大の苦手なのでした！　それでも、「体験だし、先生が面倒みてくれるんだろうし、酸素ボンベもあるからなんとかなるかな」と、お店にいる間は泳げないことを隠しとおしました。

しかし、家に帰った後に不安でいっぱいになり、体験ダイビングについてネットで検索しますが、やっぱり、まったく泳げないというのは少しまずいみたいです。「夏までに特訓するしかないか……」なんて思っていたら、アボットの声が聞こえてきました。

ねぇ、キミ泳げないのにダイビングなんてするのかい？

だって、河合さんの希望に合わせるには、泳げるようになるしかないじゃんか……まぁ、きっとなんとかなるさ……。

ほんとうにそうかな？　じゃあ、有給休暇のときみたいに、最悪の事態を想像してごらんよ。

最悪の事態？　う〜んと、そうだな……。

（ここから久地くんの想像です）

沖縄のきれいな海。ボクと河合さん、インストラクターの3人がいる。3人とも潜ろうとするけど、ボクだけ怖気づいちゃって、なかなか潜水できない。しまいにはレギュレーターを口から離して、おぼれかける。インストラクターはボクにつきっきり。河合さんは何もできないので、呆れはててだいぶ怒ってる。「泳げないならもっとはやく教えといてよ！」とか言われる……。

（想像おわり）

うわ、やっぱヤバいよ。どうしよう？

それなら、はやいとこ河合さんに「泳げない」って伝えよう。

でもさ、リゾートホテルのときは、あきらめるしかなかったわけだよね？　今回も、そうなんじゃないの？

今回はハナシが別さ。キミが無理をしたら、河合さんにまで迷惑がかかるんだからね。

そりゃそうだけど、できるだけ河合さんに合わせるべきなんじゃないの？

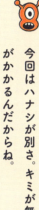

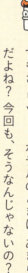

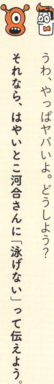

ムリに合わせてばかりいたら、トラブルになったり、お互い不幸になったりするんだよ。お互い主張し合ってこそのおとしどころさ。そもそも沖縄に行くことになったのも、お互いの利害に着目したからだろう？　カワイちゃんに最初から合わせていたら、いまごろタイの秘境に行くことになってたハズだよ。

うん。たしかにそうだ。

ほら、予約しちゃう前に、「やっぱりムリ」って正直に言いなよ。

最悪の事態を想像してさすがに怖くなった久地くん、翌日に河合さんに電話します。

河合　どうしたの？　何かあったの？

じつは、ダイビングのことなんだけど、ボク、泳ぐの苦手でさ。25メートルも泳げないレベル。

河合　え!? そんなにヒドかったの？　あ、ゴメン。それならダイビングやめたほうがいいね！

いいの？

河合 いいよー。ムリに連れて行っても危ないもん。わたしはキレイな海の中が見たいだけだから、シュノーケルにしようか？ ライフジャケット着てプカプカ浮かぶだけだから安心だよ。ていうか、はやく言ってくれればよかったのに！

いやー河合さんダイビングしたいのに悪いなと思って。それに、泳げないってカッコ悪いでしょ？

河合 もう、いまさらカッコつけなくたっていいのに。でも言ってくれてよかった！ そろそろ予約の電話入れようと思ってたから。じゃあ、シュノーケリングで決まりね！

解説

親しい間柄だからこそ、相手に自分の利害を開示する

交渉学の研究で、「相思相愛のカップルは交渉がヘタ」という結果が出ています。なぜかというと、相手に合わせることばかり考えていて、自分の利害を主張しようとしないからです。理想的な交渉では、お互いの利害を明らかにして、利

害のズレを利用することで、双方がより満足できる解決策を模索します。しかし、お互いに自分の利害を主張することを控えてしまうと、結局、それぞれが何をしたいのかがわからず、場合によってはふたりとも望まない状況へと陥ってしまうことがあります。

今回、河合さんに合わせるために自分の利害を隠そうとした久地くんですが、ムリを押し通してダイビングしていたら、結局、ふたりとも困ることになっていたでしょう。河合さんも別にダイビングにこだわりはないようで、シュノーケリングでもいいと思っていたようです。久地くんが「潜りたくない」という利害を明らかにしたことで、はじめてふたりにとって理想の解決策が見つかったというわけです。

もちろん、一泊3万円のリゾートを拒めなかったように、ＢＡＴＮＡと比較した上で条件をのまなければいけない場面もあります。しかし、**自分の利害を相手にちゃんと伝えることではじめて、お互いが納得できるおとしどころが見つかる**ということも忘れてはいけません。

交渉 6

先例にとらわれない

いに沖縄旅行の日が来ました！ 羽田空港からの飛行中、機内で配布された沖縄の観光パンフレットをパラパラめくっていた河合さんが口を開きました。

「

河合 ねぇねぇ、古宇利島《こうりじま》って知ってる？

 ん？ そんな離島あったっけ？

河合 沖縄本島の北のほうにあるらしいんだけど、「恋人たちなら外せないドライブコース」って書いてあるよ。

 ふーん、どれどれ？ へぇ、キレイだね！ 計画はしてなかったけど、水族館に行くついでに寄れそうだから、行ってみようか？

河合 そうねー、「恋人たちなら外せない」らしいし、行ってみようか！

」

ということで、ドライブ計画を少し変更して、古宇利島にも寄ってみることにしました。

久地くんにとっては今回の旅行の目的のひとつがドライブだったので、少しくらい遠回りすることは大して気になりませんでした。

しかし、ドライブの予定の日は大雨。クルマの運転に慣れていない久地くんはドキドキです。名護を経由して、美ら海水族館を訪れました。魚が大好きな河合さんは大喜び。当初の計画よりもかなり時間をオーバーしてしまいましたが、河合さんが目を輝かせてジンベイザメやマンタが悠々と泳ぐ水槽を眺めているのを見ていると、久地くんも幸せな気分になれました。さて、水族館を見終わると、リゾートホテルにチェックインできる時間になっていました。しかし、古宇利島へのドライブが残っています。

河合　じゃあ、これから古宇利島にドライブだね。

……うん、そうだよね。「恋人たちなら外せない」っていうんだから、行かないわけにはいかないよね。

しかしその後のドライブは散々なものになってしまいました。パンフレットには「古宇利大橋から眺める海がキレイ」とありましたが、窓は雨が強く叩きつけ、外の景色はほとんど見えません。島の外れにあるハート型の岩も見に行ったものの、海が濁っていたので、期待していたような景色ではありませんでした。結局夜にリゾートホテルに到着し、ディナーを予約していたので、クタクタのまま、あわてて着替えてレストランに向かいます。

いやぁ、ほんと、今日の古宇利島は失敗だったなぁ。

河合 ほんと、ゴメンね。機内であんなの見つけなきゃよかった。

いやいや、しょうがないよ。天気がよかったら、すっごいキレイな海だったんだろうし、ドライブしたがったのボクだから。

河合 うん……でも、水族館はほんと楽しかった！

よかった！ 水族館見終わった後で、すぐにチェックインすればよかったのかもね。

河合 そうよね。どうして無理して行っちゃったのかなぁ……。多分、「恋人たちなら外せない」って売り文句に浮かれちゃったのかも。

ボクも大雨って時点でドライブをはやく切り上げてればよかった。付き合わせちゃってゴメンね。

河合 ううん、全然いいよ。お互い失敗もあるけど、こうやって一緒に成長できればいいじゃん。ほら、シャンパンきたよ。乾杯しよ！

解説

世間の評判よりも、自分の利害を優先しよう

ついにふたりは沖縄にやってきました。これまで紆余曲折がありましたが、ハッピーエンドだったようで何よりです。今回は久地くんと河合さんの間の交渉というよりむしろ、先例に流されるリスク、過剰なコミットメントのリスクについて考えてみる必要がありそうです。

古宇利島は景色がとても美しい島だと思いますし、恋人たちに人気が出るのも当然でしょう。しかし、古宇利島の魅力は久地くんと河合さんの「利害」に一致したのでしょうか。久地くんはドライブしたいということで、古宇利大橋を渡って離島に行けるというのは、いい選択肢だったかもしれません。しかし、河合さんにとっては、わざわざ行かなくてもいい島だったかもしれません。リゾートホテルでノンビリすることが河合さんの重要な利害だったので、それを犠牲にしてまで行く必要もなかったでしょう。むしろ「恋人」として初めての旅行だったので、パンフレットのキャッチフレーズに心が踊らされてしまったというのが、実情だと思います。

私達は「他の人たちがみんな行ってるから」「評価のランキングが高いから」という理由だけで、旅行先やレストランを選んでしまうことがあります。意思決定のための推論方法（ヒューリスティクス）として、間違いとは言い切れませんが、そもそも、**それを選ぶことで自分の利害が満足されるのかどうか、よく考えてみる**必要があります。「口コミを信用したけど自分には合ってなかった」ということは十分ありえるのです。

また、天気がよければ、古宇利島ドライブにふたりとも満足できたと思いますが、大雨で水族館滞在が延びたのであれば、中止するという選択肢もあったはずです。それでも行ってしまったのは、**「コミットメント」**と呼ばれる心理的な問題です。これは、一度決めたことを覆すことにストレスを感じ、中止するまでに使った時間や費用（サンクコスト）を惜しんでしまう心理現象です。そういった気分が影響して、止めればいいのに止められない、という事態に陥ることは現実にけっこうあるのです。そういう心理的なトラップがあることを認識して、過剰なコミットメントに陥らないよう、常に注意しておく必要があるのです。

でも、久地くんと河合さんは、もっとお互いにコミットしてもいいと思いますけどね……。

第4章　まとめ

1 ビジネス、プライベートに関係なく、目的のある話し合いはすべてが交渉。感情的になって「取り返しのつかない一言」を口にしないように、冷静に話し合おう。

2 世の中のモメゴトの多くが立場の食い違いから生まれる。プライベートでこそ、背後にある利害を探って、本質的な話し合いができるように意識しよう。

3 利害が多すぎるときには、すべて書き出して優先順位をつけよう。そして、お互いの優先順位が高いもの同士をすり合わせよう。利害のズレを活かし合えるのがほんとうに「仲のいい」関係。

4 プライベートの関係においても、BATNAを意識することで感情的になることなく、自分の納得のいく判断をすることができる。

5 親しい間柄だからこそ、相手にムリに合わせるのではなく、お互いの利害を打ち明けるべき。そうすることではじめてお互いに納得のいくおとしどころが見つかる。

6 何かを選択するときには、「それが自分の利害を満足させるのかどうか」をまず考えよう。世間の評判や心理的なトラップに惑わされないように要注意。

第5章 かけひきの正しい進め方 引越し業者との価格交渉

交渉0 どの業者に頼めばいいの？

河合さんとの沖縄旅行を満喫した久地くん。旅行中、久地くんの引越しの話題になりました。というのも、久地くんは学生時代から同じボロアパートに住んでいたのです。男ひとりなら不自由しないのですが、河合さんの家からは遠いので、いろいろと不便です。とはいえ、お互いに「同棲はまだはやいのでは……」という感じなので、河合さんの家の近くで小ぎれいなマンションの一室を借りることにしました。

いやー、いい物件が見つかってよかったー。

河合 そういえば、引越し作業はどうするの？

あ、そっか。トラック借りようかな。河合さん手伝ってくれる？

河合　何言ってるのよ、大学生じゃないんだから、業者さんに頼んでよ。私だってそこまでヒマじゃないんだから。

ひとりでトラックを借りて引越しするのは大変そうだし、友達に頼むにしても、平日休みの多い久地くんは、日程調整が難しそうです。やはり業者に頼むしか方法はないようです。さて、うまくいくでしょうか？

交渉1 「一社決めうち」は危険！

引越し業者を選ばなければならなくなった久地くん、とりあえずネットで検索して、有名で安心そうな「白犬ジャパン」社に電話してみることにしました。

白犬　はい、白犬ジャパン引越しコールセンターです！

あのー、引越しをお願いしたいんですが……。

白犬 では、お見積もりに伺いますので、ご都合のよろしい日時をお教えいただけますでしょうか？

え？ ウチに来るんですか？

白犬 はい、お部屋やお荷物の状況を確認させていただきますので。

……はぁ。では、来週の火曜日の午後1時とか。

白犬 はい、では来週火曜日午後1時に担当者が久地さまのお宅へ伺いますのでよろしくお願いします。

「やっぱり引越しは面倒だなぁ」と思いつつ、お店が休みの火曜日に、担当者が来るのを部屋で待つ久地くん。すると、時間通りに引越し業者の人がやってきました。

白犬 今日はよろしくお願いします。……今日はお休みですか？

あ、ウチのお店は今日が定休日なんで。

白犬 そうですかー。ではお引越しも平日がよろしいでしょうか。

そのほうが助かります。

白犬 そういえば、他社さんも見積もりにいらしてるんですか?

いや、お宅だけですけど。

白犬 そうですか。では、お部屋を拝見させていただきますね!

白犬ジャパン社の担当者は洗濯機や冷蔵庫のサイズなど、テキパキと確認していきます。久地くんは手持ち無沙汰で、担当者のうしろをついてまわります。

白犬 はい、ありがとうございました。お見積もりさせていただきますと、そうですね、一式で12万5千円となりますが、お値引きさせていただいて、12万円でいかがでしょうか。

はぁ。えーと、それでどうすればいいんでしょう。

白犬 もしこの金額でよろしければ、日程など調整させていただければと思いますが……。

ビビビビビビビビ!!!

うわあっ!

白犬　!? どうかされましたか？

あ、すいません、ちょっと待ってください。

頭の中で久しぶりに警報音が鳴り響いた久地くん、慌ててトイレに駆け込みます。

来客中にいきなり鳴らすなよー！

キンキュージタイだったからねぇ。ひとつアドバイスしておくけど、今日は見積書だけもらって、絶対に仕事は頼んじゃいけないよ！　それから、どこでもいいから、もう一社大手から見積もりをもらうこと。以上！

「いきなりなんだよ……」と思いつつも、これまでアボットのアドバイスはいつも的確だったので、今回もしたがってみることにします。

あのー、今日はとりあえず見積もりだけでもいいですか……？

白犬　えっ？ そうですか。はやくしていただかないと、小型トラックの手配ができなくなって、もっと高くなるおそれがありますが。

えーと、いや、すいません。また連絡しますんで。

白犬　わかりました。お電話お待ちしています。

白犬の担当者が帰った後、久地くんはCMで見たことのある四五六引越しセンターに電話してみました。

あのー、引越しの見積もりをお願いしたいんですが……。

四五六　単身のお客様ですね。でしたら5万円からになります。

5万円!? そんなに安いんですか?

四五六　はい、最安で5万円からですが、よほど特殊な条件でなければ、10万円以下でご提供できるはずです。

解説

やっぱりBATNAは超重要

久地くんは油断して、完全に忘れてしまっていたようですが、交渉では必ず、**代替案（BATNA）**を考えておく必要があります。代替案がなければ、相手に足下を見られても自業自得なのです。

白犬社の営業担当者は、はじめに久地くんが他社から見積もりをとっているか確認していましたね。勘のいい方ならお気づきかと思いますが、これはつまり、久地くんにBATNAがあるか探っていたのです。そして代替案を用意していないことを知り、かなり高めの額を見積もりとして出してきたようです。「シメシメ」と思ったところで、アボットの横槍が入り、久地くんはすんでのところで契約をまぬがれました。

ビジネスでもプライベートでも、「一社決めうち」は基本的にNGです。面倒だとは思いますが、とくに交渉のはやい段階では、複数の会社から見積もりを取ったり、話を聞いてみたりすることが必要です。もちろん、第1章で扱ったように、複数社から見積もりを取るという手間、すなわち取引費用がかかりますので、何でもかんでもゼッタイに代替案を用意しなければいけないわけではありません。

しかし、とくに長い付き合いがあるわけでもない相手との万単位の取引なら、面倒でも代替案は必須といえるでしょう。要は交渉に応じて代替案の要不要を見極めるバランス感覚が大事ということです。これは常日頃から「すべての話し合いは交渉である」と意識することで、自然と鍛えられていくでしょう。

交渉2 プレッシャーは「あいまい」にかける

四五六引越しセンターが予想以上に安いことがわかり、代替案を持つことがいかに大事か、改めて思い知った久地くん。せっかくなので、これまでにアボットから教わってきた交渉のノウハウを使ってみることにしました。かなり条件のいい四五六引越しセンターをBATNAとして、白犬ジャパン社から値切れるどうか、試してみます。

あのー、久地と申しますが、すみません、先日見積もりにいらしていただいた担当の方につないでいただけますでしょうか。

白犬 はい、担当の者です。先日はありがとうございました。先日の条件でご予約いただくということでよろしいでしょうか。

いえ、じつは他の会社にも相談してみたんですよ。

白犬 そうですかー。やはり安かったですか？

ええ、前回いただいた金額に比べて圧倒的に安かったんですよ。

白犬 ウチは価格だけでなくサービス内容にも自信がありますので。

ええ。とはいえ、かなり大手の業者さんに相談したので、いくらなんでも差が大きいかなと思いまして。

白犬 そうですか。すいません、どちらの業者さんとどのような金額でお話をされたのか、具体的に教えていただけますか？

えーと、それがですね……（**ビビビビビビビ!!!**）……あ、ちょっとすいません。

ここでまたアボットの割り込みです。久地くんは電話を保留にして、耳を傾けます。

四五六の見積もりの話をここでしちゃいけないぞ！

え？ なんで？ いいおどしになるんじゃないの？

キミねぇ。そしたら四五六の見積もりとほぼ同じ金額で出してくるに決まってるじゃないか。

え、それでいいんじゃないの？

もっと値切れるかもしれないんだよ？ 最初から自分の手の内を明かしちゃ、モッタイナイんだよ。ここは自分の代替案はあいまいに伝えて、相手にプレッシャーを与えるんだ！

な、なるほど……わかった、やってみる！

久地くんは覚悟を決めて、再度会話に戻ります。

すいませんでした。それで、いまは具体的な数字が手元にないんですけど、御社の見積の半分くらいだったんですよねー。

白犬　え、さすがに半額はないと思いますが、どんな条件でしょう？

こちらからお伝えしたことはだいたい同じだと思いますよ。

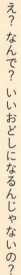

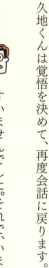

白犬　弊社の見積もりでは、前日に専門の職員が伺って、食器、衣服、雑貨などもすべて丁寧に箱詰めし、到着先で食器や衣服なども棚に整理し、引越し終了後には掃除のプロが伺い、お部屋をクリーニングさせていただくフルパッケージになっているんですが。

え!? そんなにやってもらわなくてもよかったんですが……。

白犬　かしこまりました。それではサービス内容を削って、見積もりを見直させていただきますが、よろしいでしょうか。

はい、もちろん。

白犬　では、梱包と開梱はお客様でやっていただくということで。箱についてはこちらのほうから提供させていただきます。他の付加サービスはナシなので、8万2千円ですが、お値引きさせていただいて、ジャスト8万円でいかがでしょうか。

あ、はい。即答はできないですが、できる限りはやめにご連絡しますので、見積書を送っておいてもらえますか?

白犬　承知しました。ぜひ弊社によろしくおねがいします。

解説

相手に自分のBATNAを知られてはいけない

繰り返しになりますが、交渉学では代替案（BATNA）を持つことが何より重要だと考えられています。**代替案がなければ、相手の提案に同意すべきかどうか判断することも、相手に対して譲歩を求めるプレッシャーを与えることもできない**のです。交渉相手が「この人、自分を断って、他の会社に頼むかもしれないぞ」と思ってはじめて、値引きする動機が生まれるのです。

さて、久地くんは「一社決めうち」でかなり高い引越しサービスを申し込みそうになりましたが、四五六引越しセンターにお願いするというBATNAができたので、白犬ジャパン社に対してプレッシャーをかけることが可能になりました。白犬ジャパン社も悪徳業者ではなさそうですが、他社の見積もりを取っていなかった久地くんの脇の甘さを見抜いて、フルパッケージの見積もりをつくっていました。代替案があれば「いくらなんでも高い」と思ったはずの金額です、久地くんには代替案がないため、「そんなものかなぁ」と思ってしまったのです。

今回は代替案の存在を白犬ジャパン社に伝えたわけですが、白犬の担当者は交渉上手で、久地くんのBATNAが何かを聞きだそうとします。**自分のBATNAを知られてしまうと、じつは交渉は「負け」が確定したも同然**なのです。なぜかといえば、相手はBATNAよりもほんの少しだけいい条件で同意を迫ってくるからです。たとえば久地くんが「四五六さんが8万5千円でやってくれるんですが」と言ってしまったら、白犬の担当者は「いや、困りましたねー、じゃあなんとかして、ウチは8万3千9百円でやらせてもらいます！」などと言ってくるでしょう。じつは白犬側としては8万円以下まで値切る余裕があったとしても、久地くんのBATNAが8万5千円とわかれば、そのすこし下まで譲歩してあげれば、久地くんは自動的に「YES」と言うわけです。このように、自分の代替案を相手に伝えることは交渉のタブーです。絶対にやめておきましょう。

交渉3 おとしどころの見取り図をつくろう

白犬ジャパン社から8万円という値引きが出たので、久地くんは四五六引越しセンターからも値引きを引き出そうと、見積もりに来た担当者との交渉に臨みます。

四五六　お部屋の中は拝見させていただいたので、当社のシステムをご説明しますね。

あ、はい。

四五六　電話でお話しさせていただきましたが、トラック、作業員1名の最低限のパッケージで5万円でして、お荷物の量や移動距離に合わせて、オプションを追加するシステムです。久地さまのお荷物の量を拝見しますと、9万8千円となります。

そうですか……もう少しお安くならないでしょうか。

四五六　お値段を下げるとすれば、お客様のほうで荷物の開梱をしていただけるのであれば、1万円お安くできますが。

そうですか。それでも8万8千円ですよね。

四五六　あの、すでにどちらかの業者さんとお話されていますか？

はい。そちらとの比較もあって……。

四五六　おいくらくらいで見積もりされてるんでしょうか？

それはちょっとお教えできないんですが、ほぼ同じ内容で、御社より安いのは間違いないです。

四五六　そうなりますと、こちらもお値引きで対応させていただくしかなさそうですね……8万5千円でいかがでしょう?

すいません、それだとまだちょっと厳しいんですよね。

四五六　そうですか。少々お待ちください……。

四五六引越しセンターの担当者は書類を見ながら計算機を叩き、何か値引きする方法はないか探している様子です。久地くんも、目の前で担当者ががんばってくれているような気がして、このまま追い返すのは悪い気がしてきました。ちょっと煮詰まった雰囲気になってきたので、アボットに相談するため、トイレに逃げ込むことにしました。

なかなか値引いてくれないんだけど、どうすればいいのかな? 何かとっておきのテクニックとかないの?

価格だけなら、四五六に勝ち目はなさそうだね。担当者をはやく解放してあげたほうがいいよ。

え？ アボットなら誰からでも値引けるんじゃないの？

世の中にはどうにもならないこともあるのさ。いま説明してあげるから壁を見て。

トイレの壁にプロジェクターの画面のような白い長方形が投影され、そこに図が描かれていきます。

いいかい？ キミが8万円以下じゃないとゼッタイに同意できないなら、8万円以下のゾーンが合意可能領域、ゾーパ（ZOPA）になるよね。で、四五六は8万8千、8万5千と値引いてきてるから、ここ

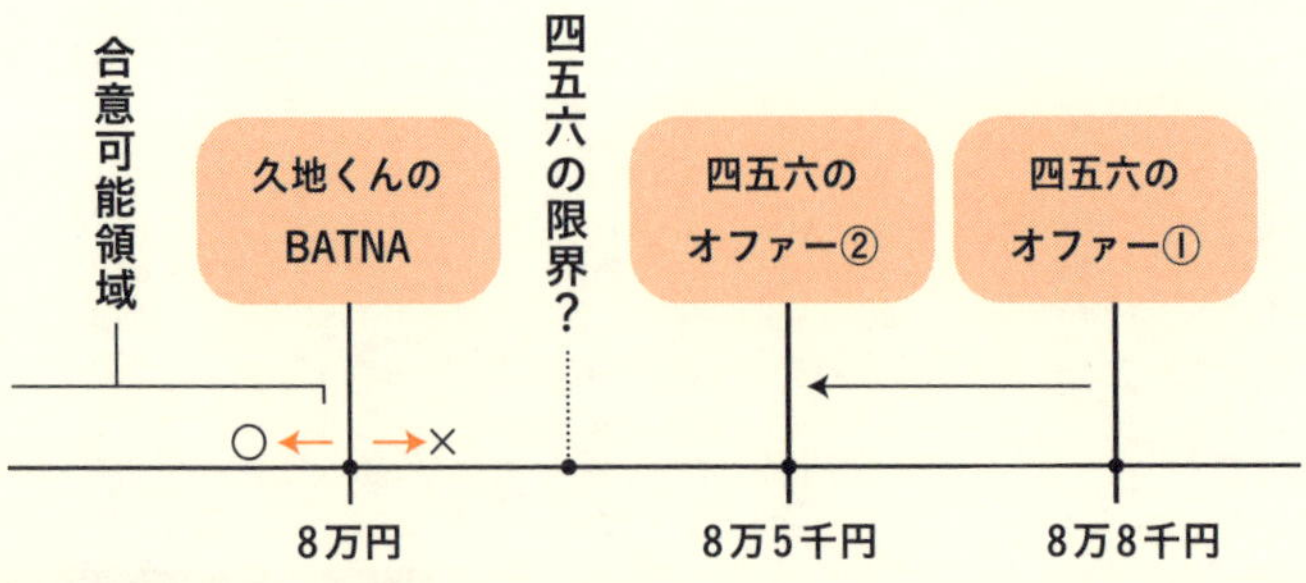

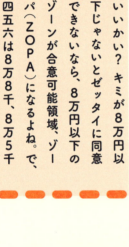

からいきなり7万9千円に下がることは、まずナイだろうね。

たしかにそうかも。絵に描いてみるとなんかスッキリする。

キミにBATNAがあるのと同じく、四五六にも値切りの限界があるんだ。赤字になるくらいなら仕事は受けないでしょ？

でもわざわざ家まで来てもらって、お断りするのはなんか気がひけるよね。

そのキモチはニンゲンらしいけど、契約するプレッシャーを与えるためにわざわざ家にあがっているのも事実なんだな。相手も仕事でやってるわけだから、オタガイイサマなのさ。上手に断るのも交渉のうちだよ。

なるほどねぇ……。

お待たせしてすいません。それで、どうでしょうか……？

四五六　8万4千円でなんとかお願いできればと思うのですが……。

わかりました。その見積書をいただけますか？　検討させていただいただき、お願いするときには改めてお電話差し上げます。

四五六　はい、ぜひよろしくお願いします。

解説

合意可能領域（ZOPA）を描く

プライベートでも、お店や業者との大きな取引であれば、代替案をきちんと見据えて複数社と交渉すべきです。そのとき、どの段階で「YES」というのか、適切なおとしどころを判断するのは容易ではありません。さらに、交渉は口頭で行われるので、相手から出てきた条件を的確に評価しながら会話を続けなければなりません。**ここで冷静におとしどころを評価する方法は、頭の中でアボットが描いたような図、つまり「おとしどころの見取り図」をイメージする**ことです。自分の代替案と比較して、相手が出す条件はどの「位置」にあるでしょう？

第2章でも紹介しましたが、交渉学では代替案（BATNA）よりもよい条件をまとめて**「合意可能領域」**、ZOPA（ゾーパ）と呼びます（62ページ参照）。この合意可能領域に入るオファーが出てきそうなら、交渉をねばる意味がありますが、どうやってもムリそうなら、さっさと交渉を止めてしまったほうがいいことも多いです。

しかし、交渉を止めるには「No」と言わなければなりません。日本人はとくに「No」と言うのは気がひけますよね。かといって、その心の弱さを逆手にとって、ムリに契約させる悪徳業者も世の中にはたくさんあります。ムゲにお断りするのも気がひけるでしょうから、見積もりだけもらって「検討します」程度でお引き取り願うのがいいでしょう（その場で契約させようとプレッシャーをかけてくる業者も多いでしょうが、毅然とした対応でお帰りいただきましょう！）。

交渉4

高圧的な相手には冷静に対応しよう

四

五六引越しセンターとの交渉は実質的に決裂したので、白犬ジャパン社と契約することになりそうです。しかし、時間に余裕があったので、久地くんはもう一社に相談してみることにしました。現在の自宅の近所で事務所を見かけた「引越しのまつい」です。だいたいの値段を知りたくて電話をかけただけなのですが、相手の勢いに押されて、担当者がいますぐ見積もりに来ることになりました。

まつい いやー、お客さん。ちょうどよかったですよ。たまたま今日は事務所に詰めてたんで。じゃあ見積もりつくらせていただきますねー。えーと、ざっと8万5千円ってところですねー。

あ、その値段だとちょっと厳しいんですよね……。

まつい えー、この値段で！ 厳しいなぁ。わかりました。ここで即決なら7万9千円でどうでしょう！

白犬ジャパンの見積より1000円安い価格が提示されました。代替案よりもよい条件なので同意してもいいはずですが、久地くんはこの担当者のこと、なんとなく信用できません。愛想はいいのですが、この会社のクチコミなどはまだ十分に調べておらず、1000円安いだけで注文していいものか、不安が残ります。

うーん、どうしようかなぁ。

まつい お客さん！ そんなこと言ってると、他のお客さんの予約が入っちゃいますよ！ トラックの台数も限られてるし、作業員だって人手不足でいま大変なんですよ。即決なら7万9千円なんで！

はぁ。ただ、その「いますぐ」というのが……。

すると、その担当者は携帯電話を取り出し、慌てた様子で「ちょっとすいません」と言って外に出てしまいました。何か大声で会話していましたが、すぐに戻ってきました。

まつい　いやー、すいません。別のお客さんから注文が入りまして。意外とこの時期でも忙しいんですよー。で、どうでしょう？ 予約いれてもよければ、会社に電話してすぐトラック確保しますよ。

いえ、今日は見積もりだけってことでお電話したので……。

まつい　お客さん、後日連絡いただいても、トラックがなきゃ、予約入れられませんからね。他の業者さんも同じですよ。値段の安いトラックから埋まるんで。直前までもたもたしてると、大型トラックしか残ってないから、値段がどんどん上がってっちゃいますよ。というか、ご希望の日取りで引越しできなくて、ホテルに泊まらないといけなくなる可能性も出てきますよ。あ、2トントラック残ってるかどうか、会社に電話してみますね。

あのさー、30日の午前、2トントラック残ってる？……そっかー、とりあえず仮押さえしといてよ。

いやーよかったですねー。2トントラック、最後の1台が空いてるっていうんで、仮押さえできましたよ！

え、そうなんですか……（**ビビビビビビビ!!!**）……。あ、すいません。ちょっとトイレに。

久地君、お腹が痛くなったフリをしてトイレに駆け込みます。

ヤッカイなヒトが来ちゃったねぇ。

どうしよう？トラック予約しちゃったみたいなんだけど。

そもそもこちらから予約のお願いしてないし、契約してないんだから、何も心配することないさ。「いま契約しないと引越しできないぞ」「逃げ道はないぞ」っておどしをかけてるだけ。それも演技っぽいしねぇ。さっさとオヒキトリ願いなよ。

久地くんも演技のつもりでムダにトイレの水を流してから、部屋に戻ります。

すいません、今日中に連絡するので、待っていただけますか？

まつい えぇ？ そうですか……もったいないなぁ……いま、即決してもらわないと、トラック保証できませんからね。

はい、それはわかってます。できるだけはやくお返事しますので。

まつい わかりました。ほんと、はやくお願いしますよ！

解説

自分のBATNAの弱点を認識する

交渉相手にプレッシャーを与える手段のひとつに、**相手のBATNAの弱点を突く**という戦略が挙げられます。相手のBATNAとはつまり、交渉が決裂した場合、相手に何が起きるのか、ということです。

久地くんと「引越しのまつい」の間の交渉では、まついの担当者は久地くんの

BATNAの弱点をとにかくアピールしてきました。具体的には、もし即決契約しなければ、

・（適切なサイズの）トラックを確保できない
・値段がかなり高くなる
・希望日に引越しできなくなる

などの災難が久地くんにかかってくる可能性をアピールしています。実際、久地くんがもたもたしていると、このような問題が起きてもおかしくはありません。しかし、即決しなかったからといって、予約が取れないというほどの繁忙期でもないわけで、そこまで焦る必要もないでしょう。つまり、この弱点の列挙は、まついの担当者の意図的な戦略なのです。

引越し業者の手配に限らず、アパートの賃貸やクルマの購入など、いろいろな場面で、あなたのBATNAの弱さをアピールしてくる営業担当者に出会うことがあるでしょう。そのときは、**まず相手が意図的に戦略を用いていることを認識**しましょう。プレッシャーに負けることなく、どれくらい危険なのかを冷静に評価して、契約するかどうかを判断するといいでしょう。

交渉5 相手の利害をよく調べる

「引越しのまつい」の高圧的な営業に疲れてしまった久地くん。値段はいちばん安いので注文してもよかったのですが、営業の押せ押せな姿勢に、なんとなくウサン臭さを感じたので、念のためネットでクチコミを調べることにしました。すると……よくない噂がどんどん出てきます……。どうやら「トラックが手配できなくなるかも」というおどし文句は、見積もりのときに常に営業担当者の口から出てくるようです。ということで、1000円高くなりますが、総合的に評価して、やはり白犬ジャパン社に注文の電話をすることにしました。

先日見積もりに来ていただいた久地と申します。注文をお願いしたいんですが。

白犬 ありがとうございます。では、日程を再確認させていただきます。

はい、できれば10月30日火曜日の午前にお願いしたいのですが。

白犬 少々お待ちください……申し訳ありません、その日の午前は埋まってしまっているので、他のお日にちは可能でしょうか？

えーと、日程は火曜日じゃないと厳しいんですよね。水曜日も無理ではないんですが、荷物を片付けるために使いたいんで。

白犬

なるほど……ですが、やはり月末はどうしても混雑するので。

ということは、一週間前の23日だと空いてるんですか？

白犬

可能であればその日だと大変助かります。

新居はいま空室なので、たぶん23日でも大丈夫ですけど、日割で家賃かかってくるので、そこがネックなんですよねー。

白犬

そうですよね。もし、23日にしていただけるようでしたら、1万円お値引きさせていただきます。

ほんとうですか。うーん、とはいえ、一週間前倒しにすると、日割で取られる家賃のほうがずっと高くなりそうですねー。

白犬

そうですよね、いいお部屋にお引越しされますからね……うーん、すいません。月末を避けていただいても、これ以上大幅な値引きは難しいです。はやく新居に移ることができるので、はやめの日程のほうがよろしいかと思いますが、いかがでしょう。

はやく引越せるのはいいんですが、そのぶん、荷物をはやく詰めないといけないので、厳しいかもしれません。

白犬 承知しました。では、30日の午後便はいかがでしょうか？ 午前の引越し後に伺いますので、正直なところ、遅れる可能性もございます。時間の余裕をみておいていただきたいのですが。

あ、午後でもいいですよ。どっちにしろ水曜日に片付けする予定なんで、火曜日は時間に余裕がありますし。水曜日の午前よりは、火曜日の午後のほうが、ぜんぜんありがたいです。

白犬 では、30日の午後でトラックと人員を手配させていただきます。

わかりました。よろしくお願いします。

こんな具合で、引越し業者への注文は無事終了しました。ただ、おわってしまうとなんだか呆気なかったようにも思えた久地くん。「もうちょっとうまく交渉できたんじゃないか」と思っていたところ……

なんか不服そうだね。特にモンダイないと思ったけど。

いやね、このおとしどころでよかったのか、ちょっと不安で。

いやいや、うまく交渉できてるよ。代替案も探って比較したし、おどしにも負けなかった。さっきの電話もいい交渉だったし。

え、交渉？

白犬ジャパンの都合と、自分の都合を考えて、日程や時間を決めたでしょ。引越し屋がヒマな週に動かすかわりに、値引きを引き出したじゃないか。

でも結局、うまくいかなかったけど……。

その判断も成功なんだな。値引きに飛びつく人は多いけど、キミはちゃんと、追加で払う新居の日割家賃を考えて、値引き金額と比較したろ。相手の都合を考えたいい解決策だけど、自分にとって得にならないなら、断ったほうがよかったのさ。

そうかもしれないなー。ボク、けっこう交渉上手になったんじゃない？

まぁ、わたしが教えているからね。でも、そうやって調子に乗ってると、またトラブルが起こっちゃうかもよ。

解説

交渉とは、利害をすり合わせること

くり返しになりますが、**交渉のいちばんの目的は、相手と自分の利害を満足させること**です。お互いにいろいろ都合がある中で、少しは妥協しつつ、自分のワガママも相手のワガママも実現できるようなおとしどころを見つけることです。自分と相手にどのような利害があるのか、そしてどういった解決策があるのか、話をして、アイデアを出し合いながら探っていくことが、望ましい交渉の本質なのです。

今回、久地くんがはじめに希望していた日時では予約が取れませんでした。しかし、そこで押し問答になることなく、お互いの都合をオープンに話していく中で、お互いの利害が見えてきました。

久地くん	白犬ジャパン
火曜日に引越したい 水曜日は開梱に使いたい 時間帯は気にしない 前倒しなら日割家賃以上の値引	月末は混むので中旬がベター 午後便は時間を確約できない 平日のほうが空いている

お互いの利害を伝え合って、最終的に出てきたおとしどころが、「30日火曜日午後（少し遅れる可能性あり）」でした。

久地君が有給休暇取得で部長と交渉した第1章でも出てきましたが、このように、いろいろな利害をまとめて、納得できるおとしどころを見つけるような交渉は**「統合型交渉」**と呼びます（32ページ参照）。これこそ、自分も相手もうれしいおとしどころを見つけるための秘訣です。「配分型交渉」として価格だけで争っていると、複数の業者による見積もり競争になってしまいますが、いろいろな条件を交渉に盛り込むことで、お互いが納得できるおとしどころが見つかりやすくなるのです。

交渉6 感情的になったら第三者を巻き込む

引越し当日、午後便ということで、予定では午後1時に引越し屋さんが来るはずだったのですが、渋滞に巻き込まれたそうで、1時間ほど遅れるとの連絡がありました。しかし、2時になっても誰も現れません。さすがの久地くんも少しイライラしてきました。そして2時30分ごろ、ドアのベルがなりました。

引越し屋 さぁせ～ん、遅くなりましたー。白犬ジャパンの引越し便ですー。

あ、どうも。よろしくお願いします。

引越し屋 早速はじめさせてもらいますねー。えーと、養生するんで、ちょっとどいてもらっていいっすか。……おーい、はじめるぞー。

引越し屋の作業員は若い男子2名。20代中盤のリーダーと思しき男子と、まだ10代だと思われる、バイトっぽい男の子です。ふたりで作業をテキパキと進めるのですが、仕事を急ぐばかりに、いろいろと雑なところが目につきます。久地くんも脇で眺めながら、「部屋に傷がついて敷金が戻ってこないのではないか」「大事な荷物が壊れるんじゃないか」とヒヤヒヤです。

無事搬出がおわり、先回りするために久地くんは急いで転居先に向かいます。不動産屋に立ち寄り、新居の鍵をもらって新しいアパートに向かいましたが、まだトラックは到着していない模様です。急いで移動したのがバカらしくなって、久地くんはさらにイライラしてきます。久地くんが到着してから30分後にトラックが到着しました。

引越し屋 ちわ～。あ、もう着いてたんすねー。はやいっすねー。

はぁ……。

引越し屋 じゃあ荷物運び込みますねー。さぁせん、そこどいてもらっていいっすかー？

この言葉づかいにもイライラしますが、怒ってもしょうがないので、部屋の隅っこで待機します。遠くのほうから「ドタドタドタ！」と箱が崩れるような音がして不安になりましたが、邪魔をするわけにもいかないので、じっと我慢です。搬入が終わり、リーダーっぽい人が洗濯機の調整をはじめたので、積まれた箱に目をやります。すると、少し押しつぶされた箱があります。久地くんが慌てて箱を開けてみると……大好きなバンドのボーカルのフィギュアの首が折れてしまっています！　限定品の貴重なモノなので、緩衝材で厳重に梱包したはずなのですが、かなりの力で押しつぶされたのでしょう。さすがにこれには久地くんもブチギレです。

ちょっと！ 箱つぶれて、中身壊れてるんですけど！

引越し屋 あ、さっき冷蔵庫が倒れて、箱に寄りかかっちゃったんすよね。ちょっと見せてもらっていいすか？……あー、コレ、破損っすね。

はぁ？ 破損もなにも、あなたが壊したんでしょうが！

引越し屋 ああ、ちょっと待ってもらえますかね？ オレじゃどうにもなんないんで、営業さんに電話しますね。

どうやら作業員は何もできないようで、会社に電話をかけました。ぶっきらぼうに携帯電話を渡され、久地くんはイライラマックスです。電話に出たのは見積もりに来た営業担当者でした。

営業 お荷物の破損があったようで、大変申し訳ございません。

破損って、こんな雑に扱ったら壊れるに決まってるでしょ。

営業 それは大変失礼いたしました。状況確認のため、いますぐ私が伺いますので、30分ほどお待ちいただけるでしょうか。

30分もしないうちに、担当者はやってきました。また、ちょうど仕事がはやくおわった河合さんも新居の様子を見にやってきたところでした。

営業 状況を確認させていただいてもよろしいでしょうか。

はい、コレなんですけど。

河合 あ、これ大事にしてたフィギュアだよね。

引越し屋 冷蔵庫が傾いたとき、この箱が支えてたんすよねー。おかげで冷蔵庫は無事だったんすけどー。

はぁ？ フツー冷蔵庫は倒れないでしょうが！

河合 まぁまぁ。

営業 申し訳ございません。保険で修理させていただきますので、いくつか確認させてください。まず、こちらですが、きちんと梱包されていたでしょうか？

河合 箱の中ちゃんと見てくださいよ。緩衝材入ってるでしょ！ まぁまぁ落ち着いて。そういえば、私も一緒に梱包したんで間違いないです。

営業 ありがとうございます。承知いたしました。では、可能な限り修復させていただきます。

1カ月後、修理を終えてフィギュアが帰ってきました。久地くんが箱から出して棚に飾っていると、河合さんが遊びにやってきました。

河合 あ、元通りじゃん！ ちょっと跡が残ってる気がするけど……。

河合 それにしてもめずらしく久地くんキレてたよね。私が来てなかったらケンカしてたんじゃない？ だってあの作業員、ほんとにムカついたからさ……。

河合 そういうことあるかもしんないけど、ああいう話し合いの場面でキレたら、その時点で負けじゃないかな。キレそうになったら、私のことでも考えて落ち着いてよね。

うん……ごめんね、ありがとう。

「感情的になったらその時点で交渉失敗」、いまさらになってアボットの言葉の意味がわかった久地くんなのでした。

解説

キレないための第三者

これまで、冷静沈着、感情抜きでクールに進める交渉の解説をしてきましたが、冷静になれない状況も世の中にはあるでしょう。そういうときには、いかに自分と相手を落ち着かせるかが、おとしどころを見つけるカギとなります。

ひとつ有効な方法が、**冷静な第三者**を間に噛ませる方法です。怒っている人たちの間で交渉しても、おとしどころなど見つかるはずもありません。そこで、今回の河合さんや営業担当者のように、少し離れた立場の落ち着いた人が間に入ることで、感情的な側面をクールダウンさせることができるのです。このような技術は「メディエーション」と呼ばれ、日本では「調停」と訳されることもあります。

何はともあれ、当事者が敵対感情に流されていたら、いい交渉はできません。**冷静になれない自分に気づいたときには、自分ひとりで解決しようとせず、先輩や仲間など、少し離れた立場から冷静にものを見ることができる人にまずは相談**してみましょう。

第5章　まとめ

1. 何事においても「一社決めうち」はNG。取引費用と機会費用を考慮しながら判断すべきだが、基本的にはBATNAを持っておくようにしよう。

2. 相手のBATNAがわからないからこそ、譲歩する動機が生まれる。交渉相手に自分のBATNAを知られたら、その時点で交渉は「負け」。絶対に知られてはならない。

3. ZOPA（ゾーパ）は、おとしどころの見取り図。これを頭の中で描くことで、交渉中に相手が出してきた提案が妥当かどうか判断できる。提案がどうしてもZOPA内に位置しないときは、ムリせず交渉を止めるべき。

4. 相手のBATNAの弱点を突くのは交渉の戦略のひとつ。あらかじめ自分のBATNAの弱点を把握して交渉に臨めば、必要以上にプレッシャーを感じることなく、冷静に判断できる。

5. お互いの利害を伝え合うことで、よりよいおとしどころに近づいていく。このように、複数の利害のズレをまとめる交渉を「統合型交渉」という。

6. 感情的になった時点で交渉は失敗。もし自分が感情的になってしまったら、冷静な第三者を巻き込んで調停してもらおう。

第6章
代表者同士の話し合い
同窓会の企画交渉

交渉 0
同窓会は無事に開催されるのか？

新居に落ち着き、快適な毎日を過ごしている久地くん。昔からの知り合いに新しい住所を連絡し、久々にお互いの近況報告をして、懐かしい気持ちにひたっていました。そこに、高校のころの友達、中田くんからチャットでメッセージが送られてきました。

中田
引越しお疲れー。そういえば、卒業10周年の同窓会やるってさ！
幹事募集中だって！

久地くんも中田くんも、クラスの中では地味な存在で、正直高校3年生のクラスなどあまり記憶にないのですが、昔が懐かしい気分になっていた久地くん、中田くんから送られてきたメッセージに張られていたFacebookのリンクを開いてみました。そこにはこんな投稿が。

高井《たかい》一色《いっしき》（株式会社ドリームビジョナリーCEO）

ぼくも今年で28歳。セカイを夢で改革したい情熱一本でこれまでガムシャラにやってきました。ふりかえると今年で高校卒業10周年。そろそろ当時の仲間で集まり、自分の原点を見つめなおしたい！ そこで担任の橘先生に久々に連絡したら、同窓会を開催することになりました。同級生のみんな、一緒に盛り上がろうぜ！ 幹事募集中！

なにこれ。意識高すぎじゃない？

中田　やばいよね！ まあ、せっかくだから集まりたいけどねー

ボク、幹事やってみようかな。

中田　マジで!? 高井に振り回されるんじゃないか？

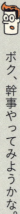

でも高井くんに全部任せたら、それこそ面倒な同窓会になっちゃうんじゃない？

中田

たしかにそうかもしれないけど、なんにせよ久地が幹事とか意外だわー。

まぁ、ボクも成長してるってことさ！

ということで久地くん、同窓会の幹事に名乗り出ることになりました。中田くんの言う通り、久地くんのキャラではありませんが、アボットに鍛えてもらった交渉力があればなんとかなりそうな気がしたのです。

勇気をふりしぼって、高井くんのFacebook投稿に「お久しぶりです。久地です。お手伝いできることがあればやります。」と書き込んでみました。すると5分もしないうちに、高井くんから友だち申請が来ました。承諾すると、すぐに「久地くん！ ひさしぶり！ そしてサンキュー！ ぼくの思いに共感してくれて嬉しいよ！」とメッセージが来ました。久地くんとしては、別に高井くんに共感してるわけではなく、むしろ彼の暴走を止めたいがために幹事に立候補したわけなので、なんだかむずがゆい気分になってきました。さて、みんなが集まって楽しめる同窓会は開催されるのでしょうか？

交渉1 敵・味方の区別をしない

高校の卒業10周年記念同窓会の幹事に立候補した久地くんは、幹事の顔合わせに高井くんから呼び出されました。夜7時半から、新宿の高層ビルにあるオシャレなバーに集合とのこと。「ただの打ち合わせなのに、いきなりこんな店で集まるなんて……」と、久地くんはちょっと不安になってきました。店に着いて、高井くんの名前で予約されたテーブルに行くと、そこには懐かしい同級生3名がいました。

夏野（男） うわ！　ひさしぶり〜！

春田（男） お！　久地じゃん！　オマエが来るとは思わなかったなー。

冬島（女） あれ！　久地くんだー元気してるー？

あ、久地くん、おひさしぶりー。

夏野 あれ？　高井くんは？

それが15分遅れるんだってよ。あいつが呼び出したのによぉ。

テーブルが2時間制ということで、先に注文して4人で乾杯をはじめてしまいました。

とくに久地くんにとっては10年ぶりに会った同級生たちなので、昔話で盛り上がります。
そこに高井くんがやってきました。

高井 いやー、ゴメンゴメン。商談が伸びちゃってさぁ。大手の銀行から融資のオファーが多くてさー、最近。

夏野 ハイハイ。そんなことより、同窓会、いつごろどこでやるんだ？

高井 それが、いいアイデアがあって、ウチの会社で最近契約した保養施設が箱根にあるんだけど、クラスのみんな泊まれるくらいデカいんだよ。改装したばかりでピカピカなのに、安いんだぜ。

冬島 えー泊まり？　それじゃあ人集まらないんじゃない？　っていうか、わたしもまだ小さい子どもがいるから参加できないし。

高井 冬島さんは昔からネガティブなんだよねー。もっとポジティブにいこうよ。

冬島 はぁ、何言ってんの？　性格とか関係ないから。子どもの面倒みるのって大変なんだよ？　高井くんは結婚もしないでふらふらしてるから、そういうことわからないんだろうけどさ。

夏野 高井さぁ、オマエはほんと昔っからワガママなんだよ。そもそも一泊したって酒飲むだけだったら、都内の宴会場借りたって同じだし、そっちのほうが安いじゃん。

春田 あ、ちょっといいかな？　ぼくは一泊でもいいかなぁ、と思って。ぼくはそもそもお酒あまり飲めないから、「修学旅行をもう一度」みたいな感じでいいと思うんだけどなー。

高井 でしょ、でしょ？　春田くんはわかってるねぇ。

夏野 ふーん、春田がそっち側につくとは、ちょっと意外だったな。ということは、オレと冬島さんが宴会派、高井と春田が一泊派で意見が割れるってことか。で、久地はどっちの側につくんだよ？

高井 久地くんもボクの保養所に来たら楽しいと思うよ。

 えーと、そもそもボクたちは幹事であって、クラスのみんなが集まって楽しめる同窓会を開くことが目的なんだよね？

夏野 そりゃそうだろ。

 だったらここで、一泊か宴会かで対立しても、意味がないんじゃ

ないかな。箱根の保養所もいいとは思うんだけど、結局クラスのみんながどんな場所と時間だったら参加してくれるのかを第一に考えたほうがいいんじゃない？

冬島 うわー、久地くん、オトナだわー。そうよね、わたしたちが勝手に盛り上がっても、みんなが集まらなきゃ、同窓会にならないものね。

春田 ぼくも賛成。企画を少し練りなおしたほうがいいかも。

高井 でもやっぱり、ぼくたちがビジョンを示すべきじゃないか？ 他の人たちとの最大公約数じゃ、未来につながる学びと気づきが得られないと思うんだよね。

夏野 ビジョンは知らねーけど、たしかにみんなを集めるのが幹事の最大の役割だよな。久地の言う通りだわ。

解説

交渉の目的は勝利ではなく、合意

一対一ではなく、数名の人々が集まって話し合いをすると、ときに「派閥」が生まれてしまうことがあります。誰かが提案をすると、その提案に対して賛成と反対の意見が出てきて、それぞれの主張を押し通そうとするがために、賛成派と反対派の対立という構図がより鮮明になってきます。いったん旗色が鮮明になると、自分の要望を通すことが目的ではなく、相手の主張を負かすことへと、議論の目的が変化してしまいます。**同じ意見の人たちが「味方」**、そして**違う意見を持った人たちが「敵」**へと変容するのです。こうなると、交渉によって合理的なおとしどころを見つけることは困難になります。

ジョナサン・ハイトという米国の心理学者が『社会はなぜ左と右にわかれるのか』(紀伊國屋書店)というベストセラーの中で書いていますが、人間というものは、まず最初に敵か味方かを見定めて、その後で思考を巡らせるので、敵とみなす人がいかに合理的な説明をしてきたとしても、その説明を肯定して自分の考えを改めることは容易ではないのです。ですから、そのような人間の本能的な弱点を認識し、敵の主張にオープンに耳を傾けようと意識的に努めることが、適切なおとしどころを見つける上では必要不可欠です。

久地くんが参加した同窓会の幹事会も、いきなり敵・味方に分かれてしまいました。高井くんの強引なキャラクターが原因かもしれませんが、一泊という提案に対して、賛成派と反対派に分かれ、賛成・反対の理由を主張し合う流れになりました。また、「ワガママ」といった、個人の性格の問題を指摘する感情的な発言も飛び出しています。「人物と問題を切り離す」(22ページ参照)ことができていません。このまま放置すれば対立はエスカレートしたでしょうが、久地くんは、これまでのアボットの指導で交渉上手になってきています。対立の不毛さを指摘し、その場にいる幹事5名が共有する目的、つまりクラス全員が集まれる同窓会を企画・実行する必要性を再認識させています。これは第3章でも紹介した「総論賛成」ですね(91ページ参照)。**敵・味方の派閥に分かれそうなときには、できるだけはやくエスカレーションを止めるため、みんなが運命共同体であること、みんなの目的を再認識**させましょう。

交渉2 「みんな一緒」が正解とは限らない

同窓会の幹事会は一泊派と宴会派でケンカ別れにおわってしまいそうな雰囲気でしたが、久地くんの一言でなんとか持ち直しました。感情的な対立は乗り越えたものの、やはり高井くんの宿泊に対するこだわりは相当なもので、なかなか妥協しません。

高井 でもやっぱり、一泊くらいしてもいいと思うんだよね。ノーマルの同窓会だったら、都内でもいいけど、10周年のアニバーサリーだよ？ 思い出づくりの絶好のチャンスだと思わない？

冬島 確かに10周年は特別だとは思うけどね。でもさ、わたしは2日間も子どもを預けられなくて、結局、参加できないから、幹事降りるしかないわ。わたしが抜けたら、女子にどう連絡するの？

夏野 オレは一泊でも参加できなくはないけど、来れないヤツが多いんじゃないかっていうのが心配なんだよ。久地が言ってるみたいに、オレたち幹事の仕事って、できるだけ多くの同級生が参加できるように仕切ることだろ？

春田 そう言われるとぼくも、一泊にこだわらないほうがいい気がしてきたなぁ。ぼくは箱根で高井くんの会社の保養所でノンビリしたいけど、そんな時間がない人もけっこう多そうだからね。

高井 おいおい、春田くんまでネガティブなのかよー。

春田 一泊ってアイデアについては、決して否定的じゃないよ。ただ、来れない人が多くなっちゃうことが心配なんだよね。

夏野 久地さぁ、こういうときってどうすればいいんだよ。さっきみたいにビシッと頼むよ。

ええ！……ごめん、ちょっとトイレに。

どうやら高井くんを納得させせないことには話が前に進まないようなので、アボットに相談してみることにしました。いつものようにトイレの個室に逃げ込みます。

ちょっと、高井くんがゴネて、交渉が前に進まないんだけど。

あー、こういうタイプね。自分の中の正解を通したいわけだ。

そうそう、どうしても一泊の合宿形式にしたいみたいなんだよ。どうせ、自分の会社が契約した豪華な保養所を自慢したいんだろうけど、彼が言い出した同窓会だから、交渉決裂ってことで幹事から外すのも難しいよね。

じゃあ、別々に企画すればいいじゃないか。

別々？

みんなが集まる同窓会はフツーの宴会として企画する。オプションで、行きたいヒトたちだけがタカイの保養所で一泊すればいいじゃないか。

でも、それって全員が同意するおとしどころじゃないのでは？

なんで全員が同意しなきゃいけないんだい？

え？ それは、まぁ、「みんなで一緒に」がフツーだから？

そんなことないさ。無理に集団で行動しようとするからヒズミが出るんだ。そもそも同窓会なんて仕事じゃないんだから、みんながやりたいことを自由にやればいいんだよ。無理に同じ行動

をとろうとするから、嫌なことを引き受けるハメになるのさ。

トイレから戻った久地くん、アボットのアイデアをみんなに話してみます。

夏野 お、長かったじゃないか？ オマエ、酒弱いのか？ 大丈夫か？

いや、ごめんごめん。ぜんぜん大丈夫。でさ、解決策なんだけど、同窓会を2本立てで企画するってどうかな？

冬島 どういうこと？

都内の宴会場を借りてやる同窓会をメインにしつつ、高井くんの推す一泊の合宿同窓会もオプションで開催して、希望者にはそちらも参加してもらうってどうかな？

春田 なるほど！ それなら、同窓会でみんなに会えるし、ゆっくり話したければ保養所でノンビリもできるね。

高井 希望者だけか……。じゃあ、その代わりにゴルフコンペ開催してもいいかな？

いいんじゃないかな！ みんなが来たいと思う企画を高井くんが思いつけば、希望者だけといっても、たくさん参加するんじゃないかな？

高井 たしかに。ファビュラスなプランを提供するよ！

夏野 いやー、久地ほんと賢くなったよなー。オマエってあまり発言しないし、要領悪いのかと思ってたけど、いろいろ考えてたんだな。

解説

ベストよりベターを目指す

大人数で集まって打ち合わせをするとき、全員の同意（完全なコンセンサス）が必要不可欠であるかのように勘違いする人も多くいます。最後まで納得しないごく少数の人たちを納得させるために、他の大多数の人たちが長時間の会議に付き合ったり、大幅に譲歩したりする必要はあるのでしょうか？ もちろん、完全なコンセンサスが必要な会議もありますが、現実には、全員が同意しなくても物事を前に進められる状況はたくさんあります。**同意を得る努力は必要です**

が、いくら努力しても回答がノーなのであれば、その人たち抜きで物事を決めて先に進めてしまったほうが、効率がいいはずです。完全なコンセンサスをルールにすると、最後までゴネて自分の要求を最大限通そうとする戦略が有効になるため、逆に合意形成が困難になります。コンセンサス・ビルディング（合意形成）の第一人者で、私の師匠でもあるマサチューセッツ工科大学サスカインド教授も、「完全なコンセンサスが理想とはいえ、大多数によるコンセンサスを目指すべきだ」と指摘しています。

同窓会の打ち合わせでも、高井くんが一泊にこだわるため、全員が同意する企画が見つかりそうにありませんでした。他の4人が根負けして一泊の企画にしたら、同窓会は人が集まらず大失敗となっていたでしょう。かといって高井くんは宿泊がない企画には同意しないでしょう。ならば、全員が同意する企画は論理的に不可能なので、宴会形式の同窓会と、合宿形式の同窓会を並行して企画すればいいのです。

仕事だとこういう処理ができない場面も多いでしょうが、プライベートなら、合意を無理に一本化しようとせず、好きな人が好きなことをできるおとしどころに導くことが、逆に合意形成を促進するのです。

交渉3 打ち合わせを目的にしない

夏野くん、冬島さん、久地くんの3人が都内開催の同窓会担当となり、高井くんと春田くんは、箱根合宿の開催を別の時期に企画することになりました。チャットで少しやりとりした結果、夏野くん、冬島さん、久地くんの3人でもう一度集まって、ランチをしながら打ち合わせすることにしました。久地くんがこのことを中田くんに伝えたら、彼も参加したいと言い出し、結局4人で集まることになりました。

冬島　あ、中田くんじゃない！　ひさしぶりー。

中田　冬島さん？　お子さんいるんでしょ？　雰囲気変わらないね！

夏野　よぉ中田。オマエ、いまどんな仕事してるんだよ？

中田　まぁ、SEってやつかな。アプリつくったりしてるよ。

　中田は何気に出世して、いまや副社長なんだよ。

夏野　マジかよ！

中田くんとひさびさに再会できたので、彼の近況について夏野くんと冬島さんは興味津々。ランチのパスタセットが運ばれてきた後も、会社のこととか、仕事の内容とか、質問攻めにします。こうして40分が経ち、食後のコーヒーが運ばれてきたころ、久地くんがふと思い出したようにつぶやきます。

そういえば、今日って打ち合わせだったんだよね。

夏野 あ、忘れてた。ハハハ。

冬島 そうよねー。何を決めなきゃいけないんだっけ？

夏野 ていうかゴメン、オレ、そろそろ会社戻らなきゃいけないんだよ。午後イチで来客あって、遅刻できないんだよね。

冬島 わたしもそろそろ出なきゃ。またチャットで相談しよっか。

結局、夏野くんと冬島さんはコーヒーをゆっくり飲むヒマもなく、忙しそうにレストランを後にします。中田くんは時間の余裕があるようで、久地くんと少し雑談します。

中田 おれが乱入したのが悪かったかな、すまん！ 同窓会企画の打ち合わせだったのに、結局40分間も雑談しちゃったな。

中田が悪いんじゃないよ。みんな久々に会えて喜んでたし。

中田 でもさぁ、今日って打ち合わせだったのに、「アジェンダ」とかなかったの？

アジェンダって何？

中田 うちの会社、社長がアメリカ人で、社内でアジェンダって呼んでるんだけど、「議事次第《ぎじしだい》」っていうのかな、日本語だと。打ち合わせするときはアジェンダを事前にメールで共有しておくルールにしてるんだ。

へぇ、アジェンダってどういうこと書いておくの？

中田 打ち合わせで決めなきゃいけないことの短いリストかな。参考資料があったら別途番号を振って添付しとく。

そうかー、同窓会の企画でもそれ、やったほうがよさそうだな。

ということで久地くん、帰宅して次回の打ち合わせのアジェンダを考えてみます。

①日時
②会場
③会費
④名簿と現在の連絡先

とりあえずはこんなところでしょうか。これを夏野くんと冬島さんにチャットで流してみました。すると、ふたりから早速返事がありました。

冬島 共有ありがとう!「遠方からの参加者の宿泊」も議題にしたらどうかな?

夏野 議題ありがとな! 次の打ち合わせは、来週の火曜日の昼で!

こんな具合で打ち合わせが再設定されました。次回の打ち合わせは、決めるべきことがちゃんと決まりそうです。

解説

プライベートでも事前に話し合う内容を決めておこう

業務上の会議であれば、議事次第をきちんとつくることが一般的でしょうが、プライベートの集まりの場合、集まって話をすること自体が目的になってしまい、何かを決めるという趣旨を忘れてしまうこともあります。仲のいい人たちが集まって雑談することは、情報収集の手段として決して悪いことではないでしょう。しかし、意思決定が必要な場面では、いつまでに何を決めなければならないのか、ビジネスと同じように議題を整理して、**議事次第のようなメモ**などを用意しておく必要があるはずです。

今回の打ち合わせでは、中田くんが飛び込み参加したことで、みんなが打ち合わせの趣旨を忘れてしまったようです。中田くんが反省しているように、もしかしたら彼は参加しないほうがよかったかもしれません。しかし彼も同級生ですから、参加してもらうこと自体に問題はなかったはずです。

むしろ、幹事が事前に議事次第を用意していなかったことが問題の本質でしょう。**みんなで集まればなんとなく物事が前に進むような気がしてしまいま**

すが、**みんなで集まることを打ち合わせの目的にしてはいけない**のです。おとしどころを探るための打ち合わせであれば、ちゃんと目的を設定して、決めなければならないことを整理して、それを事前に共有しておきましょう。もちろんプライベートの集まりですから、和気あいあいと進行してもいいのですが、おわりの時間までに、決めるべきことについておとしどころが見えている状態になるように進行するように気をつけましょう。

また、何をどのような順序で議題にするかは、おとしどころを見つける上で、みなさんが思っている以上に重要です。政治学の研究では、候補者の論点の設定次第で選挙の勝ち負けが変化することが常識です。これはプライベートなサークルなどでも同じで、賛成反対が半々に割れそうな議題からいきなり取り組んでしまうと、それだけで雰囲気が悪くなってグループが崩壊してしまうかもしれません。また、人々を巻き込むときに、誰から声をかけていくか、その順序を間違えただけで、話がこじれてしまうこともあります。ですから、たくさんの人が集まる場に関わるなら、「なんとなく集まる」のだけは避けましょう。

交渉4 アイデアは出しっぱなしにしない

さて、2回目のランチミーティングが開かれることになりました。今回の参加者は夏野くん、冬島さん、そして久地くんの3人。前回の反省を活かし、お昼休みの45分間で、企画をできるだけ詰める決意で集まっています。

夏野 よっしゃ、今日はムダ話ナシで、ちゃんと企画を決めような。

 事前に議題は送っておいたと思うけど、まずは日程かな。

冬島 平日か週末かの判断があるわよね。

夏野 地方勤務のヤツらのこと考えたら週末だろうな。

冬島 そうね、わたしも週末なら夫に子どもの面倒見てもらえるし。

 ボクは週末仕事なんだけど、早上がりして参加するよ。

夏野 そうか、オマエも大変だな。じゃあ、土曜の17時でどうかな？

冬島 オッケー。じゃあこれで決まりね。もうひとつ決まったじゃん！

夏野 よーし、どんどん決めていこう。次は「会場」。先生も入れたら全員で40人くらい集まるだろ、居酒屋とかじゃ無理だろうな。

冬島 いや、居酒屋の大きな宴会場でもいいんじゃない？ わたし、立ちっぱなしは疲れるのよね。座敷のほうがいいし。

でも、座敷だと移動できないから、せっかくみんな集まるのに、いろんな人と話せないって問題があるよね。

夏野 それな。やっぱり、ホテルの宴会場で立食のほうがよくないか？

冬島 ホテルっていってもピンキリじゃない？ 湾岸の夜景がキレイなところなんかいいけど、かなり高くつくわよね。かといって安いところだと、ごはんもマズくて、なんか凹んじゃうわよね。

夏野 そういえば、お台場のグランドホテル、会社の宴会やったんだけど、よかったぜ。メシはウマいし、生ビール出してくれるし。

冬島 ほんと？ ごはんどんな感じだった？

こんな具合で、最初はいい出だしだったのですが、「会場」について話し出した途端、いろいろなアイデアが出てきました。意見がないよりはいいのですが、これでは収拾がつきません。とはいえ、会場についてちゃんと話をしているのは間違いないので、話を止めるわけにもいきません。ちょうどトイレに行きたくなった久地くん、個室に入ってアボットにアドバイスをもらってみます。

アイデアが出てくるのはいいんだけど、混乱してきたよー。

ちゃんと記録は残してるのかい？

そりゃ職場ならホワイトボードあるけど、いま食事中だよ？ メモくらいはとれるけど、みんなに見せるスペースないし。

じゃあ、付箋紙は持ってるかい？

付箋紙？ あ、河合さんと旅行の計画を立てたときに使ったやつがカバンの中に入ってるかも。

ヨシヨシ。じゃあ、出てきたアイデアを付箋紙に書き留めるんだ。そして似てるもの、関連するものをまとめて配置するんだ。

テーブルに戻った久地くん、かばんの中からおもむろに付箋紙を取り出し、これまでに出てきたアイデアを書き留めます。そして、4人がけテーブルの空いているスペースに、付箋を並べます。

夏野 何してるんだ、久地？

出てきたアイデアを整理してるんだよ。

冬島 あ、これ会社でやることあるよ。そうだよね、付箋で整理すればよかったんだよね。

他に何かアイデア出てきてた？

夏野 ああ、イタめし屋を貸しきったらどうだってちょうど話してたとこなんだよ。

「イタめし屋貸切」っと。これは新しいアイデアだね。

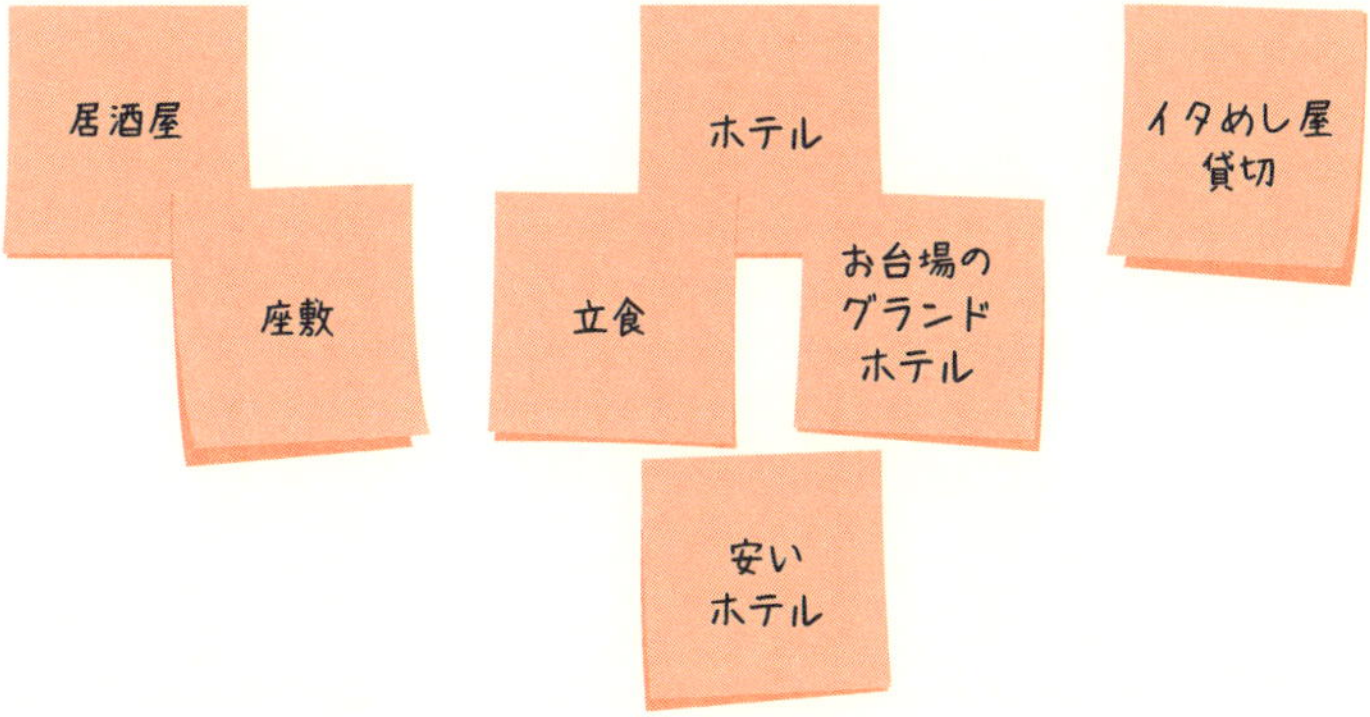

解説

情報量が多くなってきたら、一度可視化して整理する

打ち合わせの企画がうまくできて、その場が活性化すると、参加者から数多くのアイデアが出てきて、収拾がつかなくなることも多いです。会社であればホワイトボードを使って記録をとることもできますが、プライベートの打ち合わせだと、そのような設備がない場所で行われることも多いでしょう。そういうときに役立つのが**付箋紙**です。5cm四方くらいの、少し大きめのサイズがいいですが、出てきたアイデアを一枚一枚、付箋紙に記録していきます。また、関連するアイデアは隣に並べて、関係性を示します。こうすることで、出てきたアイデアを順次記録できますし、同時にアイデアの構造化を進められます。

今回の打ち合わせでは、具体的なホテルの名前まで出てきて混乱しましたが、大きな選択肢として、「ホテル」「居酒屋」「レストラン貸し切り」などの方向性をまず検討すべきでしょう。いろんなレベルの雑多なアイデアが出てくること自体は悪くない（こういう作業を「ブレーンストーミング」といいます）のですが、**個別のアイデアを付箋紙に書き出して、その関係性を整理することで、まず何か**

ら決める必要があるのか、その判断材料は何か、といったことを可視化しましょう。可視化することで、細かいことまで最初から決めようとしても、ムダなことが見えてくるはずです。まずは大きな方針についてみんなで納得した後で、その方針のなかで、必要に応じて追加のアイデアを足していく、つまり付箋紙をさらに増やしていって、より細かい問題の解決策を模索していくと、ムダな議論にかける時間を減らすことができ、意思決定の流れもスッキリするはずです。

交渉5 幹事の「代表性」に注意しよう

会場の手配や同級生への連絡も終わり、あとはみんなの参加を待つばかりです。開催まであと2週間ほどのとある夜、アボットがいきなり声をかけてきました。

やぁ、元気かい？

うわっ、どしたの？ いま、交渉してないけど。

キミはノンキだなぁ。同窓会の集まり具合、チェックしてみなよ。

久地くんが幹事で共有しているファイルを開いてみると、ちょっと集まりが悪いようです。40人中、22人しか参加の回答が来ていません。

全員とまではいかなくても、高校卒業10周年なんだし、もう少し多くてもいいはずなんだけど、どうかしたのかな？

同級生だって、卒業10年も経てば、いろんな人生を歩んでるわけだ。それぞれいろんな利害があるのさ。キミらの企画が一部の同級生の利害にうまく対応してなきゃ、そのヒトたちは参加しないだろうね。みんなで対策を考えてみてごらんよ。

とりあえず、チャットで幹事のみんなに共有します。

思ったより参加者少なくない？

夏野 おかしいなぁ。実家じゃなくて現在の連絡先をかなり調べてから案内出したんだぜ。メールでも郵便でも全員に連絡したし。

アボットが「一部の同級生」と言っていたので、再度名簿をよく見てみると、どうやら女子の参加率が少し低いようです。何か原因があるのでしょうか？

 冬島さん、女子の参加が少ないみたいだけど、何か思いあたる？

冬島 そうみたいね。昨日、友だちに直接連絡してみたんだけど、みんな子どもがまだ小さくて、ダンナさんも都合が悪かったり、夜まで任せられなかったりするから、来れないんだって。

夏野 何か対応できないか？

冬島 「子連れ参加ＯＫ」ってことにすればよかったね。ウチもそのほうが助かるし。

夏野 できるんじゃないか？ 会場に確認するわ。

冬島 よろしく！

夏野 子連れＯＫだって！ 会場の一部をこどもが遊びやすく配席し

ようか？

冬島 ありがとう！ みんなに声掛けするね！

こうして、子連れでの参加ができることをアピールして再度、参加者募集をしてみたところ、8人ほど参加者が増えました。もともと「欠席」だった人も、参加してくれるとのこと。冬島さんが直接連絡した女子たちは、「みんなで子どもを連れて集まろう！」と盛り上がっているそうです。また、男子のなかにも育休を取得して幼児の面倒をみている人がひとりいて、彼も参加してくれることになりました。

参加者増えたね！

冬島 うちもそうなんだけど、赤ちゃんとかちょうどいる年頃なんだよねー。

夏野 オレたちで盛り上がって企画したけど、みんなの都合をよく考えるべきだったな。

解説

代表者以外の都合も考える

大人数のグループ（集団）としての意思決定は通常、グループの構成員全員が集まって議論するのではなく、幹事や代表者などの少人数が集まって合意形成がはかられることが一般的です。最終的に、グループ全体の利益になる意思決定が行われればいいのですが、代表とグループメンバー全体との間にズレが生じてしまうと、代表としてはよかれと思って決めたおとしどころが、メンバーにとってはうれしくない、賛成できないという事態に至ることがあります。幹事やリーダーなどの代表者による交渉が、多様なグループメンバーの利害をどの程度反映できているか、その指標を**「代表性」**といいます。**代表になった人は、自分の考えを発言するだけでなく、グループメンバー全員のことを考えて、代弁されていない意見がないか注意**しなければなりません。

今回の同窓会では、小さい子どもを抱える親の利害が十分に考慮されていなかったようです。もちろん冬島さんがそのような利害の代表者だったのでしょうが、彼女の場合、ご主人が週末にお子さんの面倒をみてくれる、恵まれた環境にあったのでしょう。他の親御さんたちは、子どもを預けて宴会に参加するほどの余裕がなく、参加をためらってしまったのかもしれません。

ではどうすればこのような状況を事前に回避できるでしょうか？

第一に、グループのメンバー全体を見渡して、どのようなカテゴリーの人々がいるか、事前に整理することができます。これを**「ステークホルダー分析」**といいます。同窓会であれば、独身、既婚、子持ちなどの家族構成や、居住地域、職業などでカテゴリー分けしたうえで、会場や日程が各カテゴリーの人にとって都合が悪くないかをチェックできたでしょう。

第二に、代表性を高めるため、企画のはやい段階で幹事以外の人の意見を聞いてみることもできます。たとえば冬島さんはもっとはやい段階で他の女子に話を聞いてみたらよかったでしょうし、夏野くんも久地くんも同様に、自分の友だちにこの場所や日程でいいか、軽く相談してみたらよかったかもしれません。

交渉6

高圧的な人は真のリーダーではない

同窓会当日、30名以上の同級生が集まることになりました。夏野くんが会場のセットアップなどの指示、冬島さんは受付、久地くんは司会進行という役割分担です。また、直前になって同窓会の発起人だった高井くんも、少しはやめにきて手伝ってくれることとなりました。3人は「高井くんにはべつに来てもらわなくてもいいのにな」と思っていましたが、冬島さんのところに「ぜひ手伝わせてくれ！」と電話があって、渋々承知したとのことでした。

受付開始1時間前に幹事が集合して、ホテルの人と相談しながら、会場をセットアップしていきます。すると、子どもが遊べるコーナーを用意したつもりだったスペースが、ベビーカーが入ることでかなり狭くなることが判明しました。

夏野 すいません、ここ、もうちょっと広くならないですかね。

従業員 暖かいお食事を提供するテーブルを隣にセットしてしまっておりまして、いまから移動するのは難しいのですが……。

夏野 そうですか……ベビーカーのこと伝えるべきだったなぁ。

冬島　でもどうにかしないと、ちょっと狭すぎじゃない？

そこへ、手持ち無沙汰でヒマそうにしていた高井くんが割り込んできました。

高井　おいおい、まだパーティまで1時間もあるじゃないか！　テーブル移動するくらいホテルの従業員でやってくれて当然だろが。

夏野　そこまで言うことないだろ。

高井　そんな弱気じゃダメだって。こういうのはオレに任せておけって。リーダーならもっとしっかりしなきゃ。

従業員　すみません、いまから動かすとなりますと、開始時間までに準備が間に合わない可能性があるのですが。

高井　だから言い訳なんてしてないで、いますぐやってほしいんです。

夏野　もういいよ、オレが責任者なんだから、おまえは下がっててくれ。

高井　はぁ？　なんでオマエまでそんなこと言うの？

冬島　ちょっと、ふたりともやめなさいよ！　子どもも見てるよ！

高井くんと夏野くんの口ゲンカになってしまいました。そこへ、司会の練習をするために席を外していた久地くんが戻ってきました。

あれっ？ なんでモメてるの？

高井 テーブル動かせばいいのに、ホテルの人が動かさないんだよ！

ホテルの方にもそれなりの理由があるんじゃない？

夏野 そこにバイキングの食事と飲み物のカウンターがあるだろ。もうセットアップはじまっちゃってるから、動かせないんだって。

じゃあさ、いったん落ち着いて、何か別の解決策考えてみようよ。

高井 そんなヒマあんの？ ナニゴトもスピードだよ、スピード。

まぁまぁ。ホテル側としては、食事のカウンターを動かせないんですよね。

従業員 はい、火も扱いますし、飲み物もそこに積んでしまってますので。

じゃあ冬島さん、ベビーカーを持ち込むのって必須？

冬島 確かにウチはクロークに預けて、子どもを歩かせてもいいんだけど、赤ちゃんやグズる子もいるだろうから、何台かは入るようにしておきたいわね。あと、そもそも子どもがたまるスペースが食事のカウンターのすぐ横にあるのって危なくない？　走る子もいるだろうし、それこそ食器ひっくりかえしたりするかもよ。

夏野 あ、いけねぇ。それもそうだな。オレ子どもいないから、そういうのわかんなくてさ。

じゃあそもそも、ここのスペースを拡げるんじゃなくて、入口あたりのテーブルを2つ減らして、そこを子ども用のスペースにすればいいんじゃない？

冬島 たしかに、入口に近いほうが便利よね。迷惑になりにくいし。

従業員 はい、テーブルを片付けるのでしたら、いますぐにでもできます。こちらのスペースにテーブルをひとつ動かすこともできます。

夏野 じゃあ、さっそくお願いできますか？

冬島 これで問題解決ね！　久地くん、ありがとう。

夏野

え！ ボク？

そうだよ、オマエがいないと話がまとまんなかったじゃないか。

ありがとな！

解説

スピードよりも大切なこと

最近、世の中が何かとせっかちになっているのか、「組織のトップが時間をかけずに迅速な意思決定をすることがリーダーシップ」だと誰もが思い込んでいる節があります。確かに「やりましょう」の一言で問題がすべて解決するのであれば、こんなに気持ちいいことはありません。また、昔のように社内の稟議や合意形成に時間をかけていたら、他社に先を越されて商機を逃してしまうかもしれません。こういった面を考えると、たしかに迅速な判断が有効な場面も多いでしょう。しかし、多様な利害を持ったメンバーがグループとして機能している以上、リーダーの一存で意思決定したとしても、『代表性』に欠けるため実行できない」もしくは、「その後にグループ内外でトラブルが頻発する」といった危険があります。**ムダに時間をかけるのはよくありませんが、高圧的で一方的な意思決定が常にいいのかといえば、そんなことはない**でしょう。

高井くんも、自分の立場を強弁して相手を屈服させることがリーダーシップだと勘違いしているようですが、これではほとんどクレーマーです。ここで久地くんが間に入って、ホテルや子連れ参加者の利害を聞きだして、みんなが納得できるおとしどころを見つけようとしています。

久地くんのように、関係者（ステークホルダー）の利害を聞き出し、みんなが満足できる解決策を見つける手伝いをする人を「ファシリテーター」といいます。そして、自分で決めつけるのではなく、みんなの意見をまとめあげることは、**「ファシリテーティブ・リーダーシップ」**と呼ばれ、リーダーシップの一形態でもあるのです。**世間ではあまり認識されていないかもしれませんが、このように温和なリーダーシップこそ、いまのギスギスした社会に必要とされているので**はないでしょうか。

第6章　まとめ

1. 交渉の目的は、敵・味方に分かれることではなく、お互いが満足できるおとしどころを見つけること。派閥ができそうになったら、「総論賛成」で目的を再認識させよう。

2. 全員の合意よりも、大多数の合意を目指すべき。プライベートでの対立はとくに、それぞれが好きなことをできるようにしたほうが、おとしどころが見つかりやすい。

3. ただ集まることが目的になってしまうと、話はいつまでたっても前に進まない。プライベートでも、何かを決める目的がある集まりでは、「アジェンダ」を用意しよう。

4. ホワイトボードがなければ、付箋紙を使ってアイデアをまとめよう。似たアイデアをまとめて並べたり、関連性を整理すると、合意形成がスムーズになる。

5. 代表者は、メンバー全員の事情を配慮し、意見の取りこぼしがないか注意する必要がある。家族構成や職業などでカテゴリー分けする「ステークホルダー分析」を行ったり、代表者以外の人に意見を聞くのが有効。

6. スピードだけを重視した一方的なリーダーシップでは、「代表性」に欠けるおそれがある。自分の意見を通すのではなく、みんなの意見をまとめ上げる「ファシリテーティブ・リーダシップ」も重要。

おとしどころコラム②

心理的なテクニック

この本では、主に交渉の実利的な側面に着目して、その分析の仕方と戦略の立て方についてついて紹介しています。一方で、交渉には心理的な側面もあります。たとえば、第3章で紹介した「リフレーミング」（91ページ参照）は、同じことでも言い方によって受け取り方が変わる、という心理的な側面の戦略のひとつだといえます。

交渉の究極の目的は、すべての関係者ができるだけ大きな利益を得られるおとしどころを見つけることですが、その過程で、自分の取り分を増やそうとして、いろいろな心理的なテクニックが繰り出されることもあります。また、世の中には残念ながら「相手の役に立つかどうかはともかく、契約をとってしまえばこっちのもの」といった腹黒さを秘めてモノを売りつけてくる人たちもいます。そういう人たちは実利的な戦略よりも、心理的テクニックを駆使してあなたをハメようとしてきます。

ですから、交渉やセールスで騙されないよう、防御のために心理的なテクニックを知っておくことも大切です。米国の心理学者ロバート・チャルディーニの『影響力の武器』(誠信書房)という本には、人間が騙される原因として6つの性質がわかりやすく説明されています。そのうちのひとつに「返報性」という性質があります。これは、「人間は誰かにやさしくしてもらったら、その人に何かお返しをしなければいけない気分になる」というものです。たとえば、来場者に無料で景品を配る自動車ディーラーや住宅展示場などが代表的です。あえて「無料」で配ることで、消費者の心の奥底に「このディーラーや住宅メーカーから買わないといけないな」というプレッシャーを与えるわけです。しかし、景品の値段なんて、クルマやマイホームの値段に比べれば微々たるものです。消費者として値切り交渉をするときには、この心理的プレッシャーを完全に無視して、実利だけに着目することが重要になります。

こういった心理的な働きにご興味があれば、『影響力の武器』はオススメですし、他にも類書がたくさんあります。実際に、書店でこの本の周りに並んでいる「交渉」に関する本の大半は、心理的なテクニックに関するものでしょう。しかし、それらはあくまで自己防衛のための知識です。ほんとうに役に立つおとしどころを見つけるためには、本書で述べている実利的な交渉の側面をきちんとおさえておくことが何より重要なのです。

ある日の帰り道
お〜い!
この感じは……
ピピピピ
ああ〜やっぱり〜!
よくやったね!
はじめて会ったときに比べたらずいぶん交渉力がついたよ!
キミたちのおかげでなんだか自信もついたよ!
じつは私たちはそろそろ次の星に向かわないといけないんだ
えっそうなんだ!
いままでありがとう!
こちらこそ!いっしょに学んだことをぜひ他の地球人にも伝えておくれ!

おわりに

久地くんの成長ストーリーに最後までお付き合いいただき、ありがとうございました。

文句ばかり言ってくる人たちを相手に、話し合いでおとしどころを見つけるのは誰だってイヤなものです。久地くんも面倒くさがって、感情的になったり、話し合いから逃げたりして、いいおとしどころを見つけられず、パッとしない人生を送っていました。今回、運よく(!?)ネゴ星人に捕まって、交渉学と出合ったことで、人生を変えるきっかけをつかめたようです。

みなさんも、久地くんが学んだ交渉学のテクニック、分析の方法を使えば、毎日の「おとしどころ探し」を、より冷静に、合理的に、効率的に進めることができるはず。もういちど各章の「まとめ」を読み返してみて、何を学んだか、おさらいしてみてください。これまで面倒で不愉快でしかなかった人たちとの話し合いも、単なる「おとしどころ探し」のゲームだと思えるようになるはずです。

頭の中で考えているだけでは何もよくはなりません。ビジネスでもプライベートでも、自分と周りのみんなを幸せにできる「おとしどころ探し」の旅に、この本を携えて出かけてみませんか？

松浦正浩

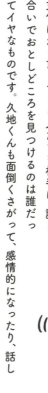

【著者略歴】
松浦正浩（まつうら・まさひろ）
1974年生まれ。Ph.D.（都市・地域計画）。東京大学工学部土木工学科卒、マサチューセッツ工科大学都市計画学科都市計画修士（1998年）、三菱総合研究所研究員（1998-2002年）、マサチューセッツ工科大学都市計画学科Ph.D（2006年）、東京大学公共政策大学院特任講師、特任准教授（2007-2016年）を経て、明治大学専門職大学院ガバナンス研究科（公共政策大学院）教授。
著書に『実践！ 交渉学　いかに合意形成を図るか』（ちくま新書）、訳書に『コンセンサス・ビルディング入門―公共政策の交渉と合意形成の進め方―』（有斐閣）がある。

おとしどころの見《み》つけ方《かた》
世界一《せかいいち》やさしい交渉学入門《こうしょうがくにゅうもん》

2018年12月 11日　初版発行

発行　**株式会社クロスメディア・パブリッシング**
発行者　小早川幸一郎
〒151-0051　東京都渋谷区千駄ヶ谷4-20-3 東栄神宮外苑ビル
http://www.cm-publishing.co.jp
■本の内容に関するお問い合わせ先 …………… TEL (03)5413-3140 ／ FAX (03)5413-3141

発売　**株式会社インプレス**
〒101-0051　東京都千代田区神田神保町一丁目105番地
■乱丁本・落丁本などのお問い合わせ先 …………… TEL (03)6837-5016 ／ FAX (03)6837-5023
service@impress.co.jp
（受付時間　10:00～12:00、13:00～17:00　土日・祝日を除く）
※古書店で購入されたものについてはお取り替えできません
■書店／販売店のご注文窓口
株式会社インプレス　受注センター …………… TEL (048)449-8040 ／ FAX (048)449-8041
株式会社インプレス　出版営業部 …………… TEL (03)6837-4635

イラスト・マンガ　コルシカ
カバー・本文デザイン　金澤浩二（cmD）
DTP　荒好見（cmD）
図版　市川花（cmD）
印刷・製本　中央精版印刷株式会社
ISBN 978-4-295-40253-4　C2034